**미국 대통령 시리즈 08**
(한국미국사학회 20주년 기념사업)

# 해리 트루먼

―제33대 대통령―

# 해리 트루먼 　　　—제33대 대통령—

초판 1쇄 발생 2011년 8월 10일

**지은이**_김정배
**펴낸이**_윤관백
편　집_이경남·김민희·하초롱·소성순·주명규·김현진 ┃ **표지**_김현진 ┃ **제작**_김지학 ┃ **영업**_이주하
**펴낸곳**_도서출판 선인 ┃ 인　쇄_대덕문화사 ┃ 제　본_바다제책
등　록_제5-77호(1988.11.4)
주　소_서울시 마포구 마포동 324-1 곶마루 B/D 1층
전　화_02)718-6252/6257 ┃ 팩　스_02)718-6253 ┃ E-mail_sunin72@chol.com
정　가_12,000원

ISBN　978-89-5933-462-9　(세트)
　　　　978-89-5933-470-4　04990

■ 저자와의 협의에 의해 인지 생략.
■ 잘못된 책은 바꾸어 드립니다.

미국 대통령 시리즈 08
(한국미국사학회 20주년 기념사업)

# 해리 트루먼
―제33대 대통령―

김 정 배

## 총괄 편집자의 글

2010년은 한국에서 미국사를 연구하고 가르치고 그리고 배우는 사람들에게 두 가지 면에서 참으로 뜻 깊은 해이다.

첫째는 미국사를 연구하고 가르치는 사람들의 모임인 '한국미국사학회'가 창립된 지 20주년이 되는 해이며, 둘째는 위대한 대통령인 에이브러햄 링컨의 탄생 200주년이 되는 해이다.

이러한 해! 우리나라에서 미국사의 선구자인 이보형 교수를 비롯한 여러 교수와 연구자들은 한국미국사학회가 2010년을 기념할 만한 어떤 일을 해야 한다는 데 의견을 모았다. 이에 당시 학회 집행부는 회장이었던 강원대의 권오신 교수를 중심으로 수차례의 회의와 선배 교수, 학자들의 많은 조언을 통해 미국 대통령 시리즈를 발간하기로 의견을 모았다. 이는 미국사에서 대통령이 차지하는 비중이 대단히 중요하여 우리나라에서도 미국 대통령들을 본격적으로 연구해야 한다는 이유와 더불어 에이브러햄 링컨의 탄생 200주년도 함께 기념하는 작업이라는 점에서 의미가 있는 일이다.

이에 학회는 미국 대통령 43명 중 일반적으로 1위에서 10위까지 평가를 받고 있는 대통령 10명을 먼저 선정하였다. 조지 워싱턴, 토머스 제퍼슨, 앤드류 잭슨, 에이브러햄 링컨, 시어도어 루스벨트, 우드로 윌슨, 프랭클린 루스벨트, 해리 트루먼, 존 F. 케네디, 로널드 레이건이다.

선정된 10명의 대통령을 누가 연구할 것인가? 학회는 먼저 우리나라에서 미국사를 연구하고 있는 연구자들을 대상으로 집필 신청을 받고 그 신청자의 연구논문, 책, 칼럼, 그리고 관심도를 토대로 집필자를 선정하였다. 워싱턴-김형곤 교수(건양대), 제퍼슨-정경희 학사지도교수(연세대), 잭슨-양홍석 교수(동국대), 링컨-양재열 교수(영남대), 시어도어 루스벨트-최정수 교수(고려대), 윌슨-권오신 교수(강원대), 프랭클린 루스벨트-김진희 교수(경희사이버대), 트루먼-김정배 교수(신라대), 케네디-장준갑 교수(전북대), 레이건-김남균 교수(평택대)이다.

집필진들은 전문적인 연구서를 지양하고 그렇다고 지나치게 대중적이지 않은 정도의 전문적이면서도 대중적인 방향으로 연구방향을 정했다. 가능한 이해하기 어려운 용어와 개념 사용을 보다 쉬운 용어와 문장으로 책을 만들어 많은 사람들이 미국 대통령 시리즈를 읽을 수 있도록 했다.

각각의 연구자들이 나름의 연구 틀을 가지고 있지만 대통령 시리즈인 만큼 가능한 일관성 있는 연구 틀을 유지하고자 했다. 해당 대통령의 역사적 위상, 성장과정, 대통령이 되기 전의 업적, 대통령으로서의 업적, 리더십과 평가 등을 핵심 틀로 삼기로 했다.

우리나라의 출판업계는 늘 한겨울인 것 같다. 매일 수많은 책이 출판되어 나오지만 몇몇 사회적 이슈가 되는 대중적인 서적을 제외한 대부분의 책들은 주인을 만나지 못하고 서점이나 출판사 서고에 그대로 남아 있는 실정이다. 출판업계의 이러한 어려운 사정에도 불구하고 선뜻 학회의 뜻을 받들어 기꺼이 출판을 담당해 준 도서출판 선인의 윤관백 사장에게 심심한 감사를 표한다. 모쪼록 이 대통령 시리즈가 소위 '대박'이 나 선인도 성장하고 이를 집필한 집필자는 물론 미국사를 연구하고 공부하는 모든 사람들이 발전하는 계기가 마련되기를 간절히 바란다.

시리즈 기획 편집 책임
김 형 곤

## 머리말

최근 트루먼 대통령의 평판은 매우 높다. 평균 서열 7위의 대통령으로 자리매김하고 있다. 그리고 여야를 막론하고 대통령이 되고자 하는 사람은 앞다투어 그를 자신의 정치적 족보에 포함시키고자 한다. 트루먼의 재임 시절과 비교하면 이해하기 힘든 현상이다.

트루먼에 대한 평가가 그처럼 긍정적이게 된 중요한 이유는 두 가지인 듯하다. 하나는 냉전 승리라는 맥락에서 트루먼의 정책을 재평가하는 것이고, 다른 하나는 그의 생애, 특히 1948년 선거와 퇴임 이후 활동에서 모범적인 미국인의 삶을 발견했기 때문이다. 트루먼은 '시골뜨기에서 세계적 정치인'이 된 입지전적 인물일 뿐만 아니라 솔직하고 소박하며 근면한 보통사람으로 새롭게 인정되고 있는 것이다.

그러나 트루먼의 대통령직은 가시밭길이었다. 무엇보다 그가 대통령이던 시기는 '시대적 전환기'였다. 세계적 · 지역적 · 국지적 차원의 힘의 재배치가 이루어지고 냉전적 이데올로기가 갈등을 무한정적으로 증폭시키고 있었다. 그래서 트루먼에게 전쟁을 종식시키고 새로운 평화를 모색하는 일은 너무나 어려운 과업이었다. 그의 정책은 찬성과 긍정보다는 반대와 불신을 사기 일쑤였다. 1951년 한국전쟁이 교착상태에 빠졌을 때 무려 23%까지 떨어진 트루먼의 지지율이 그가 처한 상황을 잘 말해준다.

물론 트루먼 자신의 약점도 문제였다. 그는 전임 루스벨트 대통령과는 달리 소련과 공산주의 혹은 민족해방운동 세력과의 소통을 의도적으로 중단했으며 국내의 정치적 혹은 사회적 반대 세력과도 잘 소통하지 못했다. 트루먼의 선택과 처신은 냉전 초기 국제질서와 국내정치에 상당한 영향을 주었다. 냉전적 갈등 혹은 매카시즘이 트루먼의 소통 부재에서 비롯되었다고 말하는 것은 억지겠지만 당시 세계에서 미국이 차지하고 있던 경제적·군사적 힘을 감안할 때 트루먼의 선택이 그러한 상황의 형성에 적지 않은 역할을 했다고 볼 수는 있다. 지금 시점에서, 그것도 승리자의 입장에서야 트루먼의 중요한 냉전적 결단들이 불가피하고 합리적인 것이었다고 주장할 수 있다. 그러나 다른 시각으로 보면 트루먼의 선택은 낭만적인 것이었으며 불필요한 비용을 지속적으로 지불한 '상처뿐인 승리'를 결과했다고 비판할 수도 있다.

트루먼과 그의 행정부 정책은 당시나 지금이나 극단적으로 갈리는 평가를 피할 수 없을 것이다. 이 점은 각별히 우리에게도 본질적인 문제일 수 있다. 트루먼의 정책이 한국인의 운명을 결정했을 뿐만 아니라 태도의 성격과 평가까지도 극도로 제한하기 때문이다. 달리 말하면 트루먼 대통령 시기의 국제질서와 미국정치에 대한 충분한 이해 없이 한국현대사의 출발과 성격을 제대로 인식하기는 어렵다. 그런 점에서 트루먼과 그의 대통령직 수행을 세밀하게 살펴보는 것은 의미 있는 일이라 생각된다. 특히 한국정부의 국내외 정책을 보면서 트루먼의 정책을 다시 읽을 필요성을 절감한다. 이 책이 역사인식의 지평을 넓히는 데 작으나마 도움이 될 수 있기를 기대한다.

   책이 나오기까지 많은 분들이 힘을 모으고 애를 썼다. 일일이 열거할 수는 없지만 그분들께 깊이 감사드린다. 각별히 김형곤 교수와 한국미국사학회, 그리고 도서출판 선인의 도움이 컸음을 밝혀둔다.

息羽齋에서 김정배

# 차례

- 5 총괄 편집자의 글
- 9 머리말
- 15 들어가며: 트루먼 대통령의 역사적 위상과 약사(略史)
- 23 1장 시련과 기회의 시기, 시골뜨기에서 정치인으로
- 53 2장 결단의 시기, 전쟁 종식과 평화 구상
- 79 3장 다시 찾아온 시련, 능력의 시험
- 101 4장 국가 지도자로서의 트루먼, 새로운 세계 질서와 평시 체제 전환
- 127 5장 온갖 역경을 이겨낸 트루먼, 1948년 대선 승리
- 153 6장 냉전 지도자로서의 트루먼, 국내외의 냉전적 도전
- 183 7장 트루먼과 한국전쟁, 전쟁의 정치
- 221 8장 트루먼의 마지막 시도, 1952년의 국내정치
- 245 나오며: 퇴임 이후의 생활
- 259 연보
- 265 미국 대통령 시리즈 발간에 붙여
- 268 저자소개

## 들어가며

# 트루먼 대통령의 역사적 위상과 약사(略史)

해리 트루먼 제33대 대통령(1945~1953)은 20세기 미국의 역대 대통령 19명 가운데 위대한 대통령으로 평가되는 4명 —시어도어 루스벨트, 우드로 윌슨, 프랭클린 루스벨트, 그리고 해리 트루먼 자신—에 포함된다. 그러한 평가가 때 이른 것일 수도 있지만 트루먼이 그렇게 높은 위치를 차지한다는 사실은 놀랍다.[1]

트루먼은 윌슨이나 두 루스벨트와 달리 사회적 배경으로 보나 교육정도로 보나 그야말로 평범한 사람이었다. 그래서 보통사람이었던 그가 어떻게 그처럼 특별한 지위까지 오를 수 있었는지는 흥미진진한 수수께끼가 아닐 수 없다. 물론 두 루스벨트도 윌슨도 언제나 딴딴한 길만 걸었던 것은 아니다. 그들 역시 실수도 하고 비난도 받았다. 그러나 트루먼의 드라마틱한 생애와 업적은 한 개인으로서나 공직자로서나 특별한

[1] Robert Dallek, *Harry S. Truman, The American Presidents* in eds., Arthur M. Schlesinger, Jr & Sean Wilents, New York: Henry Holt & Company, 2008, p. xv. 미국 역대 대통령에 대한 평가에 관해서는 http://en.wikipedia.org/wiki/Historical rankings of Presidents of the United States 참조.

것은 분명하다.

트루먼은 1884년 5월 8일 미주리의 라마에서 존 앤더슨 트루먼(John Anderson Truman)과 마타 엘렌(영) 트루먼(Martha Ellen (Young) Truman) 사이에서 태어났다. 트루먼의 가족은 그의 유년기와 청년기에 여러 번 이사를 했다.[2] 1887년에는 그랜뷰 근처의 농장으로, 1890년에는 인디펜던스로, 그리고 1902년에는 캔사스 시티로. 트루먼은 인디펜던스에서 학교 교육을 받았다. 1901년에 고등학교를 졸업한 트루먼은 잠시 동안 철도건설회사의 작업시간기록원 그리고 캔사스 시티의 두 은행에서 서기로 일했다. 1906년 그는 가족농장의 운영을 돕기 위해 그랜뷰로 돌아갔으며 거기서 10년 이상 농부로 살았다.

트루먼은 1905년부터 1911년까지 7년 동안 미주리 주방위군(Missouri National Guard)에서 복무했다. 1917년 미국이 제1차 대전에 참전하자 그는 미주리 주 야전포병 제2연대의 조직을 도왔다. 이 부대는 곧 연방정규군 제129 야전포병대로 소집되어 프랑스로 파병되었다. 트루먼은 대위로 승진하여 연대의 포대 디(Battery D)의 지휘를 맡게 되었다. 트루먼과 그의 부대는 보주(Vosges), 생미엘(Saint Mihiel), 그리고 서부전선의 마지막 전투 뫼즈-아르곤(Meuse-Argonne) 전투에 참가했다. 제1차 대전 이후 트루먼은 예비역에 편입

---

[2] 연보와 약사에 대해서는 http://www.trumanlibrary.org/hst-bio.htm 참조.

되어 예비역 대령까지 진급했다. 그는 제2차 대전이 발발했을 때 현역으로 복귀하고 싶어 했다. 그러나 마셜(Geroge C. Marshall) 육군참모총장은 그의 제안을 거부했다.

1919년 6월 28일 트루먼은 어린 시절부터 알고 지냈던 베스 월러스(Bess Wallace)와 결혼했다. 그들 사이의 유일한 자식인 메리 마가렛(Mary Margaret)이 1924년 2월 17일 태어났다.

트루먼은 전쟁 중 친구였던 야콥슨(Eddie Jacobson)과 함께 1919년부터 1922년까지 캔사스 시티에서 잡화상을 운영했다. 하지만 전후 불경기로 사업은 실패로 끝나고 말았다. 파산을 겨우 면한 트루먼은 이후 수년 동안 부채를 갚아야만 했다.

트루먼은 1922년 미주리 주 잭슨 카운티(Jackson County)의 3명의 판사 중 한 사람으로 당선되었다. 판사 트루먼의 임무는 재판보다는 사실상 행정업무가 주였다. 그는 카운티 일을 관리하면서 정직함과 탁월한 능력으로 좋은 평판을 얻었다. 그러나 그는 1924년 재선에 실패했다. 그것이 그에게는 처음이자 마지막 선거패배였다. 하지만 그는 1926년 잭슨 카운티 수석 판사로 당선되며 1930년 재선에 성공했다.

1934년 트루먼은 연방 상원의원에 당선되었다. 그의 의정활동은 매우 성공적이었다. 트루먼은 1938년 민간항공법(Civil Aeronautics Act)과 1940년 수송법(Transportation Act)이

의회에서 통과되는 데 결정적인 역할을 했다. 그가 전국적인 지명도를 얻게 된 것은 1941년 국가방위계획을 조사하기 위한 상원특별위원회의 위원장을 맡으면서였다. 트루먼 위원회(Truman Committee)로 불린 이 위원회는 방위산업자들이 공정가격으로 국가품질용품을 조달하도록 보장함으로써 국가예산의 낭비를 막을 수 있게 했다.

1944년 7월 트루먼은 프랭클린 루스벨트의 러닝메이트로 지명되었다. 1945년 1월 20일 트루먼은 부통령이 되었으며 4월 12일 대통령의 갑작스런 사망으로 미국의 제33대 대통령이 되었다.

트루먼은 나중에 그의 회고록에서 루스벨트의 잔여임기 기간을 '결단의 시기(Years of Decisions)'라고 불렀다. 그는 대통령으로서의 첫 2개월 동안 유럽에서 전쟁이 끝나는 것을 보았다. 트루먼은 포츠담회담에 참석하여 패전 독일을 관리하고 대일전의 마지막 단계를 위한 준비를 했다. 트루먼의 승인하에 8월 6일과 9일 두 개의 원자폭탄이 일본에 투하되었으며 일본은 8월 14일 항복했다.

트루먼은 일련의 중요한 대외정책을 주도했다. 트루먼이 착수한 거의 모든 대외정책에서 핵심적인 것은 소련의 영향력 확대를 막는 데 있었다. 트루먼 독트린(Truman Doctrine)은 공산주의 전복에 맞서는 나라들에게 군사원조를 제공하겠다는 트루먼의 의지 표명이었다. 그리고 마셜 플랜(Marshall Plan)은 공산주의가 경제적 번영 속에서는 성장하지 않을 것이라는 믿음으로 유럽 국가들의 경제를 회복시키려는 시도였다. 북대서양조약기구(NATO)는 소련이 지배하는 동유럽에 맞서는 군사적 방벽이었다. 트루먼은 1950년 6월 북한이 남한을 침공해 왔을 때 선전포고 없는 전쟁으로 대응했다.

트루먼이 직면한 국내 문제에서 중요한 과제는 나라를 불경기에 빠지지 않도록 하면서 전시경제를 평시경제로 전환하는 것이었다. 그리고 그는 뉴딜정책의 사회프로그램을 확대하여 정부의 보호와 서비스 혜택이 보다 많은 사람들에게 돌아가기를 바랐다. 그는 건강한 평시경제를 달성하는 데 성공했다. 그러나 사회프로그램 제안은 일부만 실현되었다. 공화당이 지배한 의회에서 뉴딜정책의 유산을 확대하려는 트루먼의 욕망은 번번이 좌절되었다.

트루먼 행정부는 민권 영역에서 뉴딜정책을 상당히 넘어설 수 있었다. 민권법안을 통과시키려는 트루먼의 시도를 보수적인 의회가 방해했지만 그는 목표를 달성하기 위해 대통령에게 주어진 권한을 사용했다. 트루먼은 행정명령을 통해 군대의 인종분리를 없애고 연방고용에서 인종차별을 금지시켰다. 그는 또한 민권위원회(Committee on Civil Rights)를 설치하였으며 법무부가 연방대법원에서 인종차별에 맞서 싸우는 고소인을 위해 변호하도록 했다.

1948년 예상을 뒤엎고 트루먼은 재선에 성공했다. 그의 패배는 예견되고 기대되었다. 그러나 선거운동에서 그의 열정과 의지는 유권자 과반수가 그를 지지하게 만들었다. 그의 유명한 전국에 걸친 '간이역 유세(Whistlestop)'는 정치적 신화가 되었다.

1953년 1월 트루먼은 대통령직을 물러나 인디펜던스로 낙향한다. 이후 거의 20년 동안 그는 스스로 '미스터 시민(Mr. Citzen)'이 되는 것을 기뻐했다. 그는 독서하고 집필하고 강연하면서 지냈다. 그는 자신의 도서관을 세우고 지원하는 데 즐거워했다. 트루먼 도서관은 그의 문서를 이용하려는 연구자와, 그의 놀라운 생애와 업적을 보고자 하는 사람들에게 문을 열어놓았다.

해리 트루먼은 1972년 12월 26일, 부인 베스 트루먼은 1982년 10월 18일 각각 사망했다. 두 사람은 트루먼 도서관의 앞마당에 나란히 묻혔다.

해리 트루먼은 경제적으로나 교육적으로 어려운 초년기를 보냈다. 그는 무서운 집념과 끈질긴 노력으로 자신 앞에 놓인 난관을 하나하나 헤쳐 나갔다. 그는 "인정받고자 하는" 만족을 모르는 인물이었다. 그리고 그는 누구도 자신의 앞에 무엇이 놓여있는지 알 수 없으며, 좋든 나쁘든 기회가

트루먼 도서관 마당에 잠든 트루먼 부부

중요한 역할을 한다고 믿었다. 트루먼에게 대통령직도 우연히 찾아온 기회였다.

트루먼은 욕망과 노력과 기회를 자아실현과 봉사의 원천으로 보았다. 그러한 세계관은 대다수 미국인이 공유하는 믿음이었다. 출생이나 사회적 배경과 상관없이 열심히 일하면 성공의 기회가 보장된다는 '미국의 꿈(American Dream)'이 트루먼의 생애와 업적에도 그대로 스며들어 있다. 어쩌면 바로 이러한 점이 평범한 트루먼을 위대한 대통령의 반열에 오르게 한 이유가 아닐까.

# 시련과 기회의 시기 1장
### 시골뜨기에서 정치인으로

## 시골뜨기에서 정치인으로

  1884년 5월 8일 남부 미주리의 한 농가에서 태어난 해리 트루먼은 그곳에서 그의 생애의 첫 6년을 보냈다. 누구에게나 어린 시절이 멋지게 기억되듯이 트루먼도 자급적 농가에서의 안락한 생활에 대한 추억을 간직하고 있었다. 트루먼의 가족은 1890년 인디펜던스의 캔사스 시티 동남쪽에서 10마을 떨어진 인구 6천여 명의 조그마한 읍으로 이사했다. 그곳은 공공시설이나 포장된 도로도 없는 거친 변경의 중심이었지만 미주리의 고립된 농장 공동체에는 없는 공립학교가 있었다. 그래서 트루먼과 그의 남동생 비비안(John Vivian), 여동생 제인(Mary Jane)이 학교교육을 받을 수 있었다.

1881년 트루먼 부모의 결혼사진

트루먼 가족의 초기 농장

1897년 13세 때의 트루먼

1898년 사춘기의 베스 월러스

1901년 고등학교 시절의 트루먼

1901년 고등학교를 졸업했을 때 트루먼은 군사학교에 다니고 싶었다. 그러나 시력이 너무 나빠서 웨스트포인트(West Point)에 갈 수가 없었다. 그의 고등교육의 꿈이 좌절된 것은 비단 시력 때문만은 아니었다. 가축 상인이자 투기꾼이었던 아버지 존 트루먼의 연이은 사업 실패로 가족이 파산지경에 이르렀다. 그래서 트루먼은 공부보다는 돈을 벌어야 했다. 트루먼은 산타페 레일로드에 들어가 경리직원으로 일하고, 1906년까지는 은행서기로 일했다. 트루먼은 당시 월 100달러의 꽤 괜찮은 수입을 얻었다. 그러나 농장을 다시 시작한 아버지의 요청으로 가족농장으로 돌아갔다. 이후 11년 동안 트루먼은 농사를 짓고 가축을 키워 판매하는 농장 일을 하면서 보냈다.[1]

1) David McCullough, *Truman*, New York: Simon & Schuster, 1992, pp. 66~80.

트루먼은 농장생활 동안 독서를 계속했다. 그는 고등학교 시절에도 역사에 관심이 많았으며, 특히 전기와 군사 및 정치사를 읽었다. 독서는 대학교육을 받지 못한 트루먼에게 나름대로

1913년 베스와 뱃놀이하는 트루먼

역사에 대한 통찰력을 갖게 했다. 트루먼은 대통령 퇴임 이후 자신의 회고록에서 "한 나라의 지도자는 그의 책임을 다하기 위해 자국의 역사만이 아니라 다른 모든 강대국의 역사를 알아야 한다"고 주장하고 있다. 그는 국민을 위해 중대한 결정을 할 때 이 역사지식을 적용했다.[2]

2) Harry S. Truman, *Memoirs of Harry S. Truman*, vol 1, Year of Decisions, New York: Doubleday, 1955, pp. 118~121.

트루먼의 이력에서 매우 중요한 것은 군복무였다. 트루먼은 1905년에 지역 방위군 포병에 입대함으로써 군대에 대한 그의 식지 않은 관심을 보여주었다. 1911년까지 그는 여름 야영지에서 근무하고 엄격한 훈련에 참가했다. 하지만 두 번의 복무기간 이후 농장일 때문에 세 번째 3년 복무는 할 수 없게 되었다.

제1차 대전의 발발과 미국의 참전은 트루먼이 다시 군대에 참여할 수 있는 기회를 제공해 주었다. 1917년 미국이 참전하면서 트루먼은 방위군 포병중대에 입대했다. 그것은 전적으로 자발적인 것이었다. 당시 33세였던 트루먼은 이미 징집연령이 지났다. 그러나 윌슨 대통령의 무장에 대한 호소는 트루먼의 선(善)에 대한 믿음을 자극했다. 트루먼은 전쟁에 참여하는 것이 조국을 위한 신성한 임무라고 생각했다. 그러나 그의 참전에는 애국적 이상주의 이상의 동기가 있었다. 트루먼은 군복무를 정치

1905년 주방위군 복장의 트루먼

적 경력을 위한 발판으로 이용하고자 했다. 그것이 공직 경쟁에서 큰 도움이 될 것으로 보였기 때문이다. 트루먼은 공직 경력과 돈과 후견인이 정치에서 얼마나 중요한지 잘 알고 있었다. 그가 부자라면 표와 공직을 사는 데 돈을 썼을 것이지만 부자가 아니었다. 그래서 그는 정치적으로 성공하기 위해서는 "이기주의자가 되거나 어리석거나 후견인 실력자의 도구가 되어야 한다"고 판단했다.[3]

3) McCullough, *Truman*, 1992, p. 90.

트루먼의 정치에 대한 관심과 경험은 일찍 시작되었다. 그는 아버지와 함께 16세였던 1900년 캔사스 시티의 민주당 전당대회에 참석한 바 있었다. 거기서 민주당은 브라이언(William Jennings Bryan)을 민주당 대통령 후보로 지명했다. 트루먼은 그 민주당 전당대회 동안 한 지역 지도자를 위해 심부름을 했다. 이후 수년 동안 트루먼은 읍의 우체국장으로 임명되었으며 시골의 고속도로 유지에 책임을 지는 도로 감독관으로서 지역 민주당 정치에 몸을 담았다.[4] 그래서 1917년에 이르러 트루먼이 전시군복무가 나라뿐만 아니라 선출직을 열망하는 누구에게나 도움이 될 수 있다고 생각한 것은 당연한 일이었다.

4) Robert Dallek, *Harry S. Truman, The American Presidents* in eds., Arthur M. Schlesinger, Jr & Sean Wilents, New York: Henry Holt & Company, 2008, p. 4.

트루먼은 6년 동안의 주 방위군 복무를 마치고 사회로 나와 있었지만 동료 병사들과 긴밀한 유대를 계속 유지했다. 그들과의 우정은 트루먼이 중위로 선출되는 데 도움이 되었다. 당시 미주리 주 방위군은 직업군인이 지배한 군대에 대한 오랜 반감으로 자체적으로 방위군 장교를 뽑았다. 트루먼은 친구들과 사이좋게 지내려는 노력 덕분에 그가 원했던 것을 얻을 수 있었다. 이후 트루먼은 훈련에서 지도력을 발휘하여 대위로 승진했다.

제1차 대전 중 트루먼은 그의 능력을 최고도로 발휘했다. 그는 포병 연대의 지휘권을 잡은 이후 특유의 강인함과 공정함으로 부하들로부터 존경을 받았다. 그리고 그는 고급 수학 능력과 기술을 요구하는 새로운 75미리 포의 숙달에 따르는 어려움을 극복하고 필요한 기술을 발전시켜 유능한 지휘관이 되었다. 7주의 전투에서 그의 포병대는 단지 2명의 사상자를 냄으로써 사령관으로부터 상을 받기도 했다.5)

5) Truman, *Memoirs*, pp. 117~132 ; McCullough, *Truman*, pp. 113~115.

1919년 5월 군에서 제대한 트루먼에게 무엇보다 우선적인 것은 베스 월러스와 결혼하는 일이었다. 그들은 그해 6월 결혼했다. 그리고 농장일을 그만두고 보다 안락한 생활을 위해 사업을 시작했다. 제대한 수일 뒤에 트루먼은 군 동료 야콥슨(Eddie Jacobson)과 도심의 좋은 위치에 잡화점을 열었다. 그러나 불행하게도 1920년 시작된 전후 불경기로 사업은 실패하고 상당한 빚만 지게 되었다.6)

6) Alonzo L. Hamby, *Man of the People: A Life of Harry S. Truman*, New York: Oxford University Press, 1995, pp. 94~110.

1차 대전 때 참전한 129야전포병대의 트루먼

1918년 군복을 입은 트루먼

1919년 6월 28일 트루먼의 결혼 당일 사진

그러나 그러한 어려움 속에서도 트루먼은 카운티의 공직에 출마하고자 했다. 그는 폭넓은 접촉을 시도하고 캔사스 시티의 파워브로커 펜더개스트(Tom Pendergast)와 그의 가족이 운영하는 정치조직과 연계함으로써 선거에서 성공할 수 있는 길을 열었다. 오하이오의 정치에서 무수한 친목 단체의 가입자로서 정치를 시작한 하딩 대통령(Warren G. Harding)처럼 트루먼은 재향군인회 및 해외참전용사회를 포함하여 여러 시민, 군무, 그리고 예비역 협회들의 적극적 회원이 되었다. 그는 이러한 단체 참가를 사업 성공에 있어 중요하며 입후보를 위해 영향력 있는 지도자들로부터 지지를 얻는 수단으로 보았다.[7]

7) Hamby, *Man of the People*, p. 86.

트루먼은 1922년 펜더개스트 가족에게 자신이 캔사스 시티와 인디펜던스의 영향력 있는 사업가들 및 사회지도층과 유대를 맺고 있는 재향군인이며 잭슨 카운티의 동부 지역 판사 선거에서 승리할 수 있는 인물이라는 인상을 심어 주었다. 동부 지역 판사는 서부 지역 판사와 주임 판사와 함께 카운티의 문제를 관리했다. 판사직은 정치조직을 위한 일종의 포상이었다. 그들은 각별히 카운티의 도로 개수와 유지를 위한 계약을 할당하는 권한과 수많은 후원 일자리를 관리했다. 트루먼은 운 좋게도 첫 선거에서 승리했다.

트루먼의 2년 임기는 그의 거친 정치생활의 시작이었다.

트루먼과 그의 동료 판사들은 카운티의 부채 1백20만 달러를 거의 반감하였고 그것의 적절한 유지를 엄격히 고수함으로써 카운티 도로의 질을 개선했다. 지역 언론은 이러한 성과를 칭찬했지만 트루먼은 1924년 재선 공천을 받지 못했다. 예비선거에서 전체의 56% 이상을 얻었음에도 불구하고 트루먼은 11월 공화당의 선거공세를 견뎌내지 못했다. 쿨리지(John Calvin Coolidge)가 전국 수준에서 데이비스(John W. Davis)를 쉽게 이겼으며 잭슨 카운티에서도 마찬가지였다. 트루먼 또한 공화당 경쟁상대에게 5% 차—52.5%대 47.5%—로 패배했다.[8]

8) McCullough, *Truman*, pp. 167~171.

트루먼은 잠시 동안 정치적 야인으로 지냈다. 그는 다시 출마하기 전 2년 동안 고속도로 손상과 도로 위험에 대한 자신의 지식을 강조하면서 캔사스 시티 자동차 클럽에서 회원권을 팔았다. 세일즈맨으로서 트루먼은 상당한 성공을 거두었으며 자신감을 갖게 되었다. 그러나 그 기간은 정치를 위한 준비 기간이었을 뿐이다.

트루먼은 1926년 11월 선거에서 주재 판사에 출마했고 캔사스 시티 정치 보스 펜더개스트의 도움을 받아 56%의 득표로 승리했다. 잭슨 카운티 재판장으로서 공직에 복귀한 트루먼은 이후 8년 동안 그의 개인적 야심과 더 큰 선을 위해 일하면서 타협의 윤리를 배웠다. 트루먼은 그 지역의 가장 성공적인 사업가들의 소득과 맞먹는 금융적 이득을 차지하는 펜더개스트의 탐욕이 못마땅했지만 못 본 척했다.[9]

[9] Dallek, *Harry S. Truman*, p. 7.

1927년 잭슨 카운티의 재판장으로서 서명하는 트루먼

1931년 트루먼과 잭슨 카운티 판사들

트루먼은 캔사스 시티 정치의 부패에 대해 곤혹스러워하며 공직을 그만둘까도 생각했다. 그러나 그는 재판장으로서 계속 참여하여 효과적으로 공무를 수행하는 것이 옳다고 합리화했다. 새로운 도로와 공립학교 건설, 최신 시설의 병원 설립, 생활이 열악한 자에 대한 인도적 처우, 그리고 경찰과 법원의 공정한 법 집행 등은 모두가 높은 과세를 요구하는 일이었지만 초과 예산 없이 제공하였다. 트루먼은 불우한 사람을 도우면서 자신의 고결함을 유지하는 데서 즐거움을 찾았다. 1930년대 대공황이 시작되는 상황에서 캔사스 시티와 카운티의 실업은 역사상 가장 높았다. 그래서 지방 정부는 실직자를 먹이고 입히는 자선과 일자리 만드는 일에 힘을 쏟았다. 어떤 면에서 트루먼은 불안한 상황을 최대한 이용한 실제적 이상주의자였다.[10]

10) Dallek, *Harry S. Truman*, p. 7.

트루먼은 재판장으로서 두 번의 임기를 마친 후 1932년 10월, 민주당 후보의 갑작스런 사망으로 미주리 주지사에 입후보하기를 원했다. 그러나 펜더개스트와 그의 정치조직은 트루먼의 요구를 거부했다. 이것은 트루먼의 정치이력에서 자주 등장하는 맥 빠지는 순간이었다. 그는 크게 실망했다. 2년 뒤 트루먼은 펜더개스트에게 의회선거에서 자신을 지지해줄 것을 요구했지만 다시 거절당했다. 펜더개스트는 당시 트루먼의 정치적 미래에 큰 기대를 걸지 않았다.

그래서 다른 사람을 상원으로 보냈다. 당시 50세였던 트루먼의 정치적 운명은 다한 듯했다.[11]

11) McCullough, *Truman*, pp. 173~192.

그러나 1934년 5월 예상치 못한 특별한 정치적 행운이 찾아들었다. 루스벨트 대통령과 뉴딜정책이 대중적 지지를 얻고 있었기 때문에 민주당에게는 패터슨(Roscoe C. Patterson) 미주리의 현직 공화당 상원의원을 패배시킬 절호의 기회였다. 지명전의 주요 경쟁자는 현직 하원의원이며 미시시피 민주당 정치에서 펜더개스트의 적수인 클라크(Bennett C. Clark) 상원의원의 동맹자인 밀리건(Jacob Milligan)이었다. 펜더개스트는 이 중대한 주 차원의 경쟁에서 누구를 지지해야 할지 고심했다. 그것은 그의 정치조직에 엄청난 결과를 초래할 수 있었기 때문이다. 펜더개스트는 은퇴한 리드(Jim Reed) 상원의원, 섄논(Joe Shannon) 하원의원, 하우웰(Charles Howell) 캔사스 시티 검사, 아일워드(Jim Aylward) 민주당 주 의장 등에게 접근해 의사를 타진했다. 그러나 그들 중 누구도 특정인을 지지하는 것을 거부했다.

트루먼의 지난 세월 노력과 봉사가 결실을 맺을 때가 된 듯했다. 그의 군복무와 잭슨 카운티 재판장으로서의 8년의 성공적인 공직생활, 그리고 시골과 도시를 망라한 연줄이 그를 합당한 대안으로 부각시켰다. 트루먼은 선거 자금을 걱정했지만 펜더개스트는 이번에는 자금을 대고 지원할 생

각을 굳혔다. 나이 50에 찾아온 행운에 트루먼은 흥분을 감추지 못했다.[12]

[12] Harry S Truman, *The Autobiography of Harry S. Truman*, Columbia: University Of Missouri Press, 2002, p. 67.

8월 7일 예비투표까지 7개월간의 선거운동에서 밀리건, 코치란(Jack Cochran), 그리고 트루먼 등 3명의 후보는 인기 있는 루스벨트 대통령과 뉴딜정책을 자신들과 동일시하고자 애썼다. 경제적 구제와 공황의 신속한 종식에 대한 희망을 실현하기 위해 루스벨트의 강력한 지원자가 되겠다는 후보자들 가운데서 트루먼이 가장 많은 지지를 얻었다. 트루먼은 펜더개스트의 꼭두각시라고 공격받았지만 그것이 유권자의 마음을 움직이지는 못했다. 트루먼을 지지한 상당수는 펜더개스트로부터 아낌없는 금품의 수혜를 받은 주 범위의 유권자들이었기 때문이다. 그러나 트루먼이 승리한 결정적인 요인은 미주리 113개 카운티의 관리들과 그의 개인적 인맥이었다. 트루먼은 8월 7일 최종 집계에서 코치란보다 4만 표, 밀리건보다는 12만 9천 표 이상 득표했다. 트루먼이 득표한 276,850표 가운데 거의 절반인 137,529표는 잭슨 카운티에서 나왔다. 그곳에서 코치란은 겨우 1,525표를 얻었다. 유사하게 트루먼은 세인트 루이스의 유권자로부터는 겨우 4,614표를 얻었다.[13]

[13] 연방 상원의원 예비선거전은 추악한 비방으로 점철되었다. 클라크 상원의원은 트루먼을 거짓말을 잘하는 저능한 자라고 공격했으며, 트루먼은 밀리건을 의원사무실에 인척을 고용하고 그의 부친(Champ Clark) 전 하원의원장의 후광으로 상원의원을 얻었다고 비난했다. Dallek, *Harry S. Truman*, pp. 9-10.

11월 본선에서 트루먼 민주당 후보는 루스벨트 대통령의 정치적 지지의 추세에 힘입어 1백 30만 표 가운데 25만 표 이상 패터슨 현직 공화당 상원의원을 앞질렀다. 참으로 힘든 정치적 여정이었으나 1억 3천만 인구의 미국에서 96명의 상원의원 중 한 명이 되었다는 데 기뻤다. 트루먼은 선출직 공직자로서 워싱턴에서 그가 직면한 도전에 과감히 대응하고자 했다.

사실 트루먼은 상원의원으로서 첫해 동안 시골 소년처럼 낯선 환경을 두려워했다. 언론의 눈에 비친 트루먼 상원의원은 "펜더개스트의 땅에서 온 시골뜨기"였다. 트루먼은 이러한 분위기에서 공직자로서의 인물됨에 대한 자기회의에 빠지기도 했다. 일리노이 출신 루이스(J. Hamilton Lewis) 상원의원의 따뜻한 말은 트루먼이 자신감을 갖게 해주었다. 루이스는 트루먼에게 "해리, 열등감을 가지고 시작하지 말게. 첫 6개월 동안 자네는 도대체 왜 내가 여기에 온 걸까라고 생각할 것이네. 그리고 그 이후 도대체 우리는 왜 여기에 온 거지하고 생각할 것이네"라고 조언했다. 시간이 지나면서 트루먼은 루이스가 지적한 바의 진실을 보게 되었다. 트루먼은 존경하는 대다수의 동료 상원의원 못지않게 자신도 충분한 자격을 갖고 있다고 느끼게 되었다.[14]

14) Hamby, *Man of the People*, p. 199 ; McCullough, *Truman*, p. 214.

1934년 선거연설을 하는 트루먼

트루먼은 의정활동 첫 수년 동안 의원들 사이에서나 백악관으로부터 별로 주목받지 못했다. 1935년 1월 당시 민주당은 상원의석 96석 가운데 69석을 차지했다. 그리고 1936년 루스벨트의 압도적인 재격을 갖고 있다고 재선 승리로 백악관은 신입 상원의원들을 관리할 필요성을 느끼지 않았다. 더구나 트루먼은 루스벨트의 입법 주도에 매우 공감하

1935년 상원의원으로서 선서하는 트루먼

고 있었기 때문에 백악관은 그를 구슬릴 필요가 없었다. 트루먼은 선배 상원의원들의 감정을 상하게 하지 않았으며 민주당 임원의 뒷줄에 앉아 있었다. 트루먼은 레이번(Sam Rayburn) 하원의장의 "사이좋게 지내기 위해 찬성하라"는 충고를 따랐다.15)

15) Dallek, *Harry S. Truman*, p. 11.

1936년 트루먼과 정치적 후원자 펜더개스트

그러나 트루먼이 능력을 발휘할 기회가 찾아왔다. 주간통상위원회(Interstate Commerce Committee)에서 그는 철도 문제를 조사하는 소위원회 의장을 맡았다. 소위원회는 대공황 동안 금융 붕괴의 위험에 맞서 싸웠다. 1930년대 대기업에 대한 대중의 반감은 소위원회 청문회에 기름을 부었다. 소위원회는 월스트리트 은행가와 변호사들이 철도문제를 조장하고 있다고 결론지었다. 트루먼은 낭비가 심하고 파괴적인 경쟁에서 철도에게 유리하도록 규제 법안 통과를 주도했다. 그러나 노사갈등으로 법안은 통과되지 못했다.16)

16) Hamby, *Man of the People*, pp. 200-227.

1940년 트루먼의 정치적 미래는 불확실했다. 그는 상원에서 6년 동안 명성을 높일 만한 입법을 주도하지 못했으며 펜더개스트와의 연루라는 정치적 부담을 안고 있었다. 1939년 펜더개스트는 탈세로 유죄 선고를 받고 15개월 동안 수감되었다. 백악관의 노골적인 지지로 국세청과 법무부가 펜더개스트를 끌어내렸지만 트루먼은 그의 정치적 동맹자를 버릴 수 없었다. 트루먼은 오히려 펜더개스트를 옹호하고 나섰다. 공화당 판사가 잭슨 카운티의 민주당 조직을 와해시키기 위해 마녀사냥으로 그를 기소했다고 공격했다. 하지만 루스벨트 행정부가 펜더개스트 제거에 매우 적극적이었기 때문에 그의 부패에 눈을 감은 트루먼은 별로 중요하지 않은 당원처럼 보였다. 트루먼은 다시 출마하지 않을 생각이었다.17)

17) McCullough, *Truman*, p. 239.

트루먼은 루스벨트의 지지를 얻지 못했고 미주리 언론 또한 그를 반대했다. 때문에 그는 현직 상원의원임에도 불구하고 인기 있는 미주리 스타크(Lloyd Stark) 주지사에 맞선 예비선거에서 패배할 것으로 생각했다. 미주리의 유력지 『포스트 디스페치(St. Louis Post Dispatch)』는 트루먼을 "구덩이 속에서 죽은 수탉"이라고 단정했다. 그러나 트루먼은 또다시 기적을 이루어냈다. 그는 뉴딜정책을 거침없이 지지하고 전쟁의 위험에 직면하여 군사력 대비를 강력히 주장했다. 그리고 그는 스타크가 상원의원과 동시에 부통령 지명까지 노리는 부도덕한 사람이라고 적극적으로 공격했다. 결국 트루먼은 665,000표에서 8,000표 차로 승리를 거두었다. 11월 선거에서 트루먼은 겨우 51%의 지지를 얻었지만 상원으로 돌아갈 수 있었다.[18]

18) McCullough, Truman, pp. 241~252.

1940년 이후 트루먼의 정치적 운명은 그의 미래를 바꾸어 놓았다. 미국의 제2차 대전 참전은 트루먼을 누구도 예상하지 못했던 유명인사로 만들었다. 트루먼은 이미 1941년 진주만 기습 이전에 자신과 동료 상원의원을 구별하는 공적 대의를 찾았다. 1940년 12월 루스벨트는 미국을 '민주주의의 병기창(arsenal of democracy)'으로 만들겠다고 선언했으며 이에 따라 산업은 전쟁 목적에 동원되었다. 그러한 상황에서 트루먼은 군사위원회 소위원회 의장으로서 방위 계약자들의 낭비와 협잡 혐의를 포착하고 조사에 착수했다. 트루먼은 계약자의 부당이득을 줄이고 비용이 덜 들고 더 효율적으로 군비를 강화하고자 그의 소임을 다했다.

트루먼은 1941년 초에 남부와 중서부의 군사설비와 방위

산업체를 둘러본 이후 교정이 필요한 낭비와 부당이득에 대한 공식 조사를 제안했다. 백악관은 그러한 조사가 미국의 군사력 증강 노력을 더디게 할 것으로 보고 내키지 않았지만 정부에 비우호적인 하원 군사위원회의 조사를 막는 방법으로 트루먼의 제안을 받아들였다. 트루먼위원회는 텍사스 출신의 코널리(Tom Connally) 상원의원을 제외하고 비교적 잘 알려지지 않은 7명의 상원위원—민주당 5명과 공화당 2명—으로 구성되었다. 1941년 봄 그들은 군사기지를 방문하여 과다 비용과 과정을 개선하기 위한 정밀조사의 필요성을 설명함으로써 언론의 관심을 샀다. 그해 가을까지 트루먼위원회의 활동은 낭비를 폭로하고 그것이 신문에 대서특필됨으로써 보다 많은 예산과 3명의 상원의원을 추가로 확보할 수 있었다. 추가로 투입된 1명의 민주당과 2명의 공화당 상원의원은 위원회의 위원자격이 나라에 봉사하는 일이며 정치적으로 이익이 된다고 생각했다.

1942년과 1944년 사이 트루먼위원회는 수백 번의 청문회를 개최하고 수십 건의 보고서를 간행했는데, 언론과 국민은 수십 억 달러를 절감하고 전쟁노력을 진전시킨 데 대해 위원회를 크게 칭찬했다. 『타임(Time)』은 트루먼의 사진을 잡지 표면에 게재했으며 위원회의 일을 미국의 '방위 제1선'이라고 불렀다. 트루먼은 미국의 전쟁노력에 공헌한 10인

에 포함되는 영예를 얻었다. 트루먼위원회의 활동은 "미국 역사에서 가장 성공적인 의회조사"였다.[19]

19) Hamby, *Man of the People*, pp. 248-260. 트루먼위원회는 군부, 산업, 노동, 정부의 생산관리국(Office of Production Management)을 공평하게 조사하고 비판함으로써 의회, 백악관, 언론, 국민에게 상당한 영향을 주었다. 트루먼위원회는 방만해진 생산관리국을 전쟁생산위원회(War Production Board)로 대체하도록 만들었다. 이것은 원자재의 할당, 계약, 그리고 미국과 동맹국에게 공급할 수 있는 무기를 통일적으로 관리할 수 있게 했다.

1942년 해군기지를 방문하여 조사활동을 하고 있는 트루먼과 위원들

트루먼의 전시 의정활동은 그에게 또 한 번 행운을 가져다주었다. 1944년 대통령 선거운동이 시작되고 루스벨트가 부통령으로 월러스(Henry Wallace)를 그대로 유지할지 말지에 대한 소문이 무성해지자 혜성같이 등장한 트루먼의 이름은 모든 사람들의 후보명단에 올려졌다. 물론 트루먼을 그 순간까지 데려온 것이 단순히 행운만은 아니었다. 트루먼은 조사위원회를 이끌면서 그의 결단과 능력을 검증받았으며 스스로 나라에 봉사한 위대한 인물과 동등하게 되고자 하는 열망을 불태웠다. 그렇더라도 그가 유력한 부통령

후보자들의 경쟁 속으로 떠밀려 들어간 것은 자신도 전혀 예상치 못했던 일이다. 트루먼은 펜더개스트의 도움이 아니라 자력으로 그 자리에 서게 되었다는 사실을 흡족해했다.

1944년 트루먼의 부통령 지명은 여전히 풀리지 않을 비밀에 싸인 정치적 사건들 가운데 하나이다. 1944년 초에 월러스 부통령은 민주당에서 분열세력임이 분명해졌다. 남부 민주당 보수파는 월러스를 뉴딜정책의 확대를 선호하는 급진 자유주의자들과 동일시했다. 남부 보수파는 주와 지방을 희생시키며 연방권한을 더욱 확대하려는 데 반대했다. 그것이 전통적인 인종차별에 대한 공격을 의미할 수 있다는 우려 때문이었다. 그리고 북부에서조차 전쟁 승리 이후 연방 관료조직과 노동조합의 추가적 성장을 막으려는 경향이 있었다. 이것이 그들로 하여금 월러스를 부통령으로 유지하는 데 동의하지 못하게 만든 중요한 이유였다. 그들은 건강이 좋지 않은 대통령을 계승하는 라인에 월러스를 둘 수 없었다.[20]

20) 월러스는 그러한 정치적 입장 말고도 약간 이상한 인물이었다. 저널리스트 드러리(Allen Drury)의 표현을 빌리자면 그는 "시골뜨기같이 보이고, 예언자처럼 말하는, 그리고 당황한 남학생처럼 행동하는" 그런 사람이었다. 트루먼의 전기 작가 맥쿨로이(David McCullough)는 월러스가 "러시아어를 하는 너무나 지적이고 신비스러운… 너무나 쌀쌀맞고 너무나 논쟁적이며 지나치게 자유주의적인" 인물이라고 평가했다. Dallek, *Harry S. Truman*, p. 11.

루스벨트 대통령은 특정 부통령 후보를 확실히 지지하지 않고 후보자들 모두가 대통령이 자신을 지지하는 것으로 믿게 했다. 그러나 루스벨트는 1944년 봄 중국과 러시아의 진상조사를 월러스에게 맡김으로써 그를 버릴 의도를 내비쳤다. 루스벨트는 전 사우스캐롤라이나 상원의원이며 연방 대법관인 번스(James Byrnes)와도 유사한 게임을 했다. 그는 1943년 전쟁동원국(Office of War Mobilization) 국장을 맡았으며 '부대통령(assistant president)'으로까지 알려진 인물이었다. 번스는 그의 전쟁 노력으로 전국적 지지를 넓히고 민주당 보수파의 지지도 받았다. 루스벨트는 러닝메이트로서 번스를 선호한다는 암시를 던졌다. 그러나 루스벨트는 뉴딜정책의 여러 내용에 대해 비공감적인 사람을 부통령으로 삼는 것을 꺼려했다. 부통령 지명전의 부족한 관심을 전당대회에서 유발시키고 모든 당 분파들 가운데서 자신에 대한 지지를 유지하기 위해 루스벨트는 월러스와 번스뿐만 아니라 레이번 하원의장, 바클리(Alben Barkley) 켄터키 상원의원, 더글라스(William O. Douglas) 대법관, 그리고 해리 트루먼에게 관심을 보여주었다.

결국 루스벨트와 민주당의 보스들은 트루먼이 최고의 대안이라고 판단했다. 트루먼은 보수주의자와 자유주의자를 결속시킨 변경주 출신의 확고한 뉴딜정책 지지자였다. 그의 정직함과 애국심에 대한 명성은 비난할 여지가 없었다. 그는 완전히 충실한 그리고 온건한 민주당원이었다. "미주리 출신의 겁 많은 보통사람" 트루먼은 영웅적인 대통령의 러닝메이트가 되었다.[21]

[21] McCullough, *Truman*, p. 294.

1944년 7월 민주당 전당대회에서 부통령 지명을 받고 가족과 함께 기뻐하는 트루먼

1944년 루스벨트와 그의 러닝메이트 트루먼

트루먼은 루스벨트의 그늘에 가려 일할 운명이었다. 그러한 전조는 선거를 치르는 동안 이미 드러났다. 트루먼은 8월 백악관 오찬모임을 제외하면 선거기간 동안 대통령과 직접 접촉한 적이 없었다. 트루먼은 기차로 전국을 여행하면서 대통령을 열렬히 대변했다. 트루먼이 부통령직에 적합하지 않다는 공격에도 불구하고 선거는 트루먼과는 무관했다. 선거는 루스벨트와 뉴욕 주지사 듀이(Thomas E. Dewey) 공화당 후보와의 싸움이었기 때문이다. 승리의 표차가 그의 4번의 선거 가운데 가장 작았지만 루스벨트는 4천 7백만 일반투표 가운데 3백 50만 표로, 선거인단 선거에서는 432대 99로 듀이를 무너뜨렸다.

루스벨트는 트루먼이 부통령으로 일한 82일 동안 단 두 번 그와 독대했다. 대통령은 1945년 1월 20일 그의 4번째 취임 이후 단지 30일 동안만 워싱턴에 있었다. 트루먼이 그를 만날 기회도 그만큼 적었다. 뿐만 아니라 루스벨트는 트루먼에게 어떤 특별한 역할을 맡기겠다는 암시를 한 적이 없었으며 임박한 원자폭탄의 개발에 관해서조차 논의하지 않았다. 부통령이 된 트루먼과 많은 시간을 보낸 한 저널리스트는 "트루먼은 무엇이 진행되고 있는지 알지 못했다. 루스벨트는 그에게 어떤 것도 말하지 않았다"고 전했다.[22]

루스벨트는 건강이 좋지 않았음에도 불구하고 매사를 직

22) McCullough, *Truman*, p. 339.

접 챙겼다. 지금에 있는 사람들은 고혈압과 출혈성 심장마비를 앓고 있는 대통령이 얼마 살지 못할 것임을 알고 있었다. 루스벨트가 트루먼을 신임하지 않고 자신의 건강악화로 있을 수 있는 대통령직 계승을 준비할 필요성을 느끼지 못했던 것은 자신이 제4기 임기를 마칠 수 있을 것으로 믿었기 때문인지도 모른다.

트루먼은 루스벨트의 건강이 대통령직 수행에 문제가 될 수 있음을 이해했지만 그의 갑작스런 죽음에 대비하지는 않았다. 1945년 4월 12일 오후 늦게 당장 들어오라는 얼리(Steve Early) 백악관 비서의 다급한 목소리를 듣고 트루먼은 불안했다. 그러나 트루먼은 대통령이 귀국하여 단순히 그와 의회의 일을 의논하기를 원한다고 상상하면서 불길한 생각을 떨쳐버리고자 했다.

대통령 숙소로 안내된 트루먼은 엘리노(Eleanor Roosevelt) 영부인을 만났다. 그녀는 "해리, 대통령이 서거했어요"라고 전했다. 그녀의 말에 깜짝 놀란 트루먼이 "영부인을 위해 제가 할 일이 무엇입니까?"라고 묻자 루스벨트 부인은 "당신을 위해 우리가 할 수 있는 일이 무엇입니까? 지금 당신이야말로 어려움 속에 있는 분입니다"[23]라고 말했다.

23) Truman, *Memoirs of Harry S. Truman*, p. 5.

트루먼은 당시 번개를 맞은 기분이었다. 그는 다음 날 기자단에게 마치 "달과 별과, 그리고 행성이 나에게 떨어진" 것과 같다고 말했다.24) 어떤 점에서 그는 그러하고도 남았다. 무엇보다 국가적 행정 경험이 없는 트루먼은 너무나 갑작스런 상황을 맞아 두려움에 떨었다. 더구나 전쟁 와중에서 링컨 대통령 이래 가장 존경받는 루스벨트를 대신하게 되었다. 트루먼 자신만이 아니라 다른 사람들도 그가 전쟁을 어떻게 종식시키고 전쟁 이후 예상되는 국내외의 다양한 도전에 맞설 수 있을지 상상할 수 없었다.

24) Truman, *Memoirs of Harry S. Truman*, p. 5 ; Hamby, *Man of the People*, p. 293.

# 결단의 시기 2장
### 전쟁 종식과 평화 구상

# 전쟁 종식과 평화 구상

루스벨트 대통령의 죽음은 세계가 여전히 전쟁 중이고 전쟁의 결과가 아직 정리되지 않은 상태에서 미국 국민이 검증되지 않은 지도자를 갖는 것을 의미했다. 그것은 대다수 미국인에게 불안감을 갖게 하기에 충분했고 트루먼은 국민의 그러한 감정에 공감했다.

그러나 대통령직을 맡은 이후 트루먼은 오랜 친구 바클리(Allen Barkley) 상원의원의 조언을 마음에 새겼다. "자신감을 가지게. 그렇지 않으면 국민들이 자네를 신뢰하지 않을 것이네." 트루먼은 점차 대통령직의 수행에 익숙해져 갔다.[1]

트루먼은 국민을 안심시키고 지지를 확보하는 최선의 길은 전임 대통령이 언급한 전시정책과 전후계획을 완수하려는 결의를 보여주는 것이라고 생각했다. 4월 12일 대통령 선서를 한 이후 트루먼은 스테티니스(Edward Stettinius) 국무장관에게 지시하여 4월 25일 샌프란시스코에서 열릴 예

1) Robert Dallek, *Harry S. Truman, The American Presidents* in eds., Arthur M. Schlesinger, Jr & Sean Wilents, New York: Henry Holt & Company, 2008, p. 19.

정인 유엔 결성 회의가 계획대로 개최될 것임을 발표하도록 했다. 그리고 루스벨트가 하이드 파크(Hyde Park)에 묻힌 다음 날인 4월 16일 상하합동의회 연설에서 트루먼은 추축국의 무조건 항복이라는 전임자의 목적을 추구할 것임을 국민에게 약속했다.

1945년 4월 12일 대통령 승계를 선서하는 트루먼

4월 말과 5월 초 유럽에서의 상황은 트루먼의 약속을 이행하는 데 도움이 되었다. 이탈리아의 무솔리니(Benito Mussolini)는 게릴라에 의해 살해되고 그의 정권은 붕괴되었다. 히틀러(Adolf Hitler)는 베를린 벙커에서 자살하고 독일은 곧 항복했다. 그러한 유럽 전장의 변화는 트루먼이 비록 루스벨트의 그림자 속에 있었지만 곧 국민의 광범위한 지지를 받을 수 있게 했다. 6월 초의 갤럽조사에 따르면 트루먼은 87%의 지지를 얻고 있었다. 유럽의 상황 변화가 국민들에게 안도감을 심어준 것이다. 트루먼의 개인적 자질 또한 국민들의 지지를 얻기에 충분했다. 응답자의 대다수는 트루먼의 직무 수행 방식에 대해 호감을 갖는 이유를 그의 정직함, 진지함, 친절함이라고 대답했다.[2]

2) George H. Gallup, *The Gallup Poll, 1935-1971*, vol 1, 1935-48, New York: Random House, 1972, pp. 503-504·558.

그러나 신임 대통령의 서민성에 대한 국민의 호감에도 불구하고 전쟁의 향방이 트루먼의 대통령직 수행과 국민의 지지를 얻는 데 결정적으로 중요했다. 트루먼은 이 점을 잘 이해하고 있었다. 만약 독일이 싸움을 질질 끌면서 항복하지 않고 태평양전쟁의 종식이 미군의 엄청난 희생을 요구한다면, 국민의 지지는 무너질 것이고 트루먼의 직무 수행은 심각한 의문에 직면하게 될 것이었다.

트루먼은 일본의 신속하고 완전한 항복을 원했다. 그는 무엇보다 미국인의 희생을 줄이는 데 초점을 두었다. 이미 거의 40만 미군이 전쟁에서 죽었기 때문에 추가 사망자가 적으면 적을수록 좋았다. 일본 본토를 침공할 때 예상되는 미군의 희생에 대한 걱정은 소련의 대일전 참전 약속으로 어느 정도 해소되었다.

트루먼은 대규모 군사적 결정이나 외교 수행의 경험이 없었다. 하지만 그는 자신이 당면한 일이 그의 공직 경험에서 그럭저럭 극복했던 도전들과 유사하다는 생각으로 위안을 삼았다. 그러나 소련이 그가 미주리와 상원에서 만났던 정적들과는 전혀 다른 다루기 어려운 대상임을 트루먼은 곧 알게 되었다.

트루먼은 미군의 희생을 줄이기 위해 소련의 대일전 참전을 요구했다. 그러나 스탈린은 그것을 연합국이 동유럽, 특히 폴란드에 대한 소련의 통제를 인정한다는 의미로 받아들였다. 트루먼은 스탈린의 태도를 얄타회담에서의 약속을 위반한 것이라고 보았다. 스탈린은 해방된 유럽 국가들에서 자유롭게 선출된 정부를 지지하기로 약속했었다. 4월 23일 백악관에서 몰로토프(Vyacheslav Molotov) 소련 외무상을 만났을 때 트루먼은 소련의 통제하에 있는 나라들에서 약속을 지킬 것을 강력히 요구했다.3)

3) 트루먼은 자신이 몰로토프의 턱을 한두 방 날려버렸다고 생각했다. 하지만 몰로토프는 트루먼의 위협에 겉으로는 아무렇지도 않은 척했다. Harry S. Truman, *Memoirs of Harry S. Truman*, vol 1, Year of Decisions, New York: Doubleday, 1955, pp. 75~76.

몰로토프는 샌프란시스코회담에서 미국의 요구를 수용하지 않는 태도를 보여주었다. 그는 폴란드는 물론이고 동유럽 일반 그리고 소련군이 점령한 다른 곳에서 자유선거를 허락하겠다는 암시를 내보이지 않았다. 그는 동유럽 국가들의 주권을 침해할 문제에 대한 논의를 막는 것이 유엔안보리 회원국의 권리라고 주장했다.

샌프란시스코회담에서 소련이 보여준 행동은 미국과 소련의 전시협력이 붕괴까지는 아니더라도 침식되고 있다는 인상을 주었다. 사태의 흐름을 예리하게 알아차린 처칠 영국 수상은 5월 12일자 한 전문에서 트루먼에게 "철의 장막이 그들[소련] 전선에 드리워졌다. 배후에서 어떤 일이 벌어지고 있는지 알 수 없다"라고 말했다.[4] 그러나 당시 상황에서 소련과의 분열은 피해야 했다. 전쟁 종식과 전후 평화를 구상하는 데 소련이 필요했기 때문이다.

4) David McCullough, *Truman*, New York: Si-mon & Schuster, 1992,p. 383.

1945년 5월 8일 2차 대전 종식을 선언하는 트루먼

트루먼은 5월 말 루스벨트의 주요 고문이며 스탈린을 자주 접촉했던 홉킨스(Harry Hopkins)를 모스크바에 보냈다.

그것은 스탈린과 루스벨트의 협력 관계를 계속 유지하겠다는 트루먼의 의도를 보여준 것이었다. 홉킨스가 스탈린에게 소련의 폴란드 통제를 제외한 모든 것을 양보하자 스탈린은 대일전 참전에 대한 그의 결심을 확인해주고 안보리 의제에 대한 거부권 요구를 철회했다. 그리고 스탈린은 7월 포츠담에서 트루먼, 처칠과 만나자는 데 동의했다. 스탈린이 실제로 서방과 좋은 관계를 유지할 의도가 있으며 소련의 대일전 참전이 수십만 미군의 생명을 구하는 데 본질적이라는 확신에서 트루먼은 홉킨스의 성과를 높이 평가했다. 트루먼은 스탈린의 양보가 "미국이 그러는 만큼 소련도 미국과 사이좋게 지내고자 하는 갈망"을 입증한 것이라고 공개적으로 언급했다.[5]

5) Robert J. Donovan, *Conflict and Crisis: The Presidency of Harry S. Truman, 1945-1948*, New York: W. W. Norton, 1977, p. 57.

7월 17일 시작하여 8월 2일 끝난 포츠담회담은 트루먼의 시험대였다. 회담 도중 애틀리(Clement Attlee)가 처칠을 대신하게 되었는데, 처칠의 보수당이 의회선거에서 패하여 수상이 애틀리 노동당 당수로 바뀌었기 때문이다. 이러한 상황 변화는 스탈린에게 압력을 넣어 양보하게 만드는 것을 더욱 어렵게 했다. 애틀리와 트루먼은 처칠과 루스벨트처럼 스탈린에게 영향력을 행사하기 어려웠으며 스탈린 또한 그들에게 그들의 전임자에게 보여준 경의를 표하기 어렵지 않았다. 그래서 처칠과 루스벨트, 그리고 스탈린의 전시협력을 영국과 미국의 새로운 지도자들이 이끌어낼 수 있을지는 의문이었다.

포츠담에서 트루먼, 스탈린, 그리고 미국과 소련의 대표들의 상호접촉은 서로 사이좋게 지낼 수 있다는 희망과 기대보다는 소련의 의도에 대한 트루먼의 의심과 불신만을 심화시켰다. 그래도 소련의 대일전 참전 약속을 재확인한 것은 회담의 가장 큰 성과였다. 그러나 폴란드와 동유럽 그리고 독일에 대한 소련의 비타협적 태도는 트루먼에게 미래의 협력에 대한 회의를 남겼다. 특히 유럽의 주요 수로의 항해 자유에 대한 영국과 미국의 제안을 소련은 완고하게 거부했다. 트루먼은 그것을 미래의 국제적 갈등을 줄이는 기회로 본 반면 스탈린은 소련을 염탐하기 위한 은밀한 기도로 보았다. 트루먼은 스탈린의 그러한 태도가 싫었다.

스탈린과 소련에 대한 트루먼의 인식의 저변에는 평균적 미국인의 시각이 깔려 있었다. 트루먼은 개인적으로 소련을 경찰국가라고 생각했다. 소수의 최고 권력자들이 정치적·경제적·인적 자원을 장악하고 하층민을 지배한다고 트루먼은 확신했다. 그렇다고 트루먼이 스탈린을 싫어했던 것만은 아니다. 트루먼은 한 국가의 지도자로서 그리고 전시 협력자로서 그를 존중할 만한 인물이라고 생각했다. 독일인에 의해 2천만 이상이 죽고 지독한 고통을 겪고 있는 소련의 처지를 감안하면서 트루먼은 비록 전적으로 받아들일 수는 없었지만 스탈린의 국가방위에 대한 집념을 이해할 수 있었다.

트루먼은 국민에게 포츠담회담의 성과를 긍정적으로 보고했다. 그러나 그는 개인적으로 스탈린과 소련의 의도에 대해 의심을 가지고 있었고 그것이 회담 도중 가장 잘 드러난 것은 미국의 원자폭탄 개발 문제에서였다. 1944년 미국은 원자폭탄의 비밀을 오직 영국과 공유하기로 합의했다. 그러나 소련은 첩보망을 통해 원자폭탄에 대한 미국과 영국의 노력을 알고 있었다. 사실 트루먼은 대통령 취임 전에는 원자폭탄 개발 계획인 맨해튼 프로젝트(Manhattan Project)에 대해 전혀 알지 못했다. 취임 13일 뒤인 4월 25일 스팀슨(Henry Stimson) 육군 장관의 보고를 받고서야 알게 되었다.

트루먼은 원자폭탄의 비밀에 관해 스탈린에게 말할 마음이 별로 없었다. 5월 말 트루먼이 원자폭탄의 사용을 논의하기 위해 임시위원회를 소집했을 때 원자폭탄 실험 장소에 소련 대표를 참관하게 할 것인지에 대한 의견이 오고갔지만 결국 부정적으로 결론이 났다. 소련과의 정치적 관계를 원만하게 하는 것도 필요했지만 미국이 소련보다 앞선 무기를 보유하고 있음을 확실히 하는 것이 더욱 중요했기 때문이다.

7월 16일과 18일 포츠담회담 동안 트루먼은 뉴멕시코 알라모고르도(Alamogordo)에서의 원자폭탄의 실험이 성공적이었다는 보고를 받았다. 그러나 그는 7월 21일이 되어서야 원자폭탄의 가공할 파괴력에 대한 충분한 설명을 들을 수 있었다. 트루먼은 그 보고를 듣고 무척 기뻐했다. 트루먼은 그 소식에 크게 고무되어 새로운 자신감을 얻게 되었다.

1945년 8월 1일 포츠담회담에서 트루먼

　트루먼은 스탈린과 원자폭탄의 성공에 관한 소식을 나누는 것을 서두르지 않았다. 그는 7월 24일까지 3일을 기다려 스탈린에게 조심스럽게 미국이 가공할 파괴적 힘을 가진 신무기를 갖고 있다고 알려주었다. 그러나 스탈린은 별로 관심을 보이지 않았다. 스탈린은 별거 아닌 것처럼 그런 소식을 듣게 되어 기쁘며 미국이 그것을 일본에게 잘 사용하기를 바란다고 응수했다. 트루먼이 그처럼 중요한 사안을 스탈린에게 그런 식으로 말한 것은 아마도 미국이 소련을 위협하려 한다는 스탈린의 의심을 무디게 할 생각이었는지도 모른다. 그러나 스탈린은 맨해튼 프로젝트에 대해 이미 알고 있었기 때문에 고의로 무관심한 태도를 보일 수 있었다.

트루먼은 스탈린의 태연한 반응에 적잖이 당황했다. 아마도 소련을 위협하는 것이 트루먼의 원자폭탄 사용 결정의 주요 변수는 아닌 모양이었다. 트루먼은 일본이 무조건 항복을 신속히 받아들이도록 하는 데 초점을 맞추었다. 물론 소련이 대일전에 참전하기 이전에 태평양전쟁을 끝낼 가능성 또한 고려사항이기는 하지만 그것 또한 원자폭탄 사용의 부수적인 요인이었다.

미국은 최초로 원자폭탄을 개발한 나라이며 그것을 실제로 사용한 최초이자 마지막 나라이다. 미국이 일본에 원자폭탄을 사용한 시점에 일본은 이미 기진맥진한 상태에 있었다. 그래서 미국이 과연 원자폭탄을 사용해야 했는지에 대한 논쟁이 반세기 이상 계속되어 왔다. 부정적 입장에 서 있는 사람들은 트루먼의 성급한 결정이 수십만의 일본인을 끔찍한 죽음으로 내몰았으며 역사에서 원자폭탄을 사용한 유일한 나라라는 도덕적 부담을 미국에게 남겼다고 주장한다.

트루먼이 원자폭탄 사용의 의미를 중요하게 생각하지 않았던 것은 아니다. 원자폭탄을 "세계 역사에서 가장 끔찍한 폭탄"이며, 불의 파괴라는 성경적 경고의 완성이 되지나 않을까 우려했다. 스팀슨 육군 장관도 원자폭탄이 문명의 완전한 파괴를 초래할지도 모른다는 두려움을 갖고 있었다.[6]

트루먼의 비판자들은 또한 포츠담에서 일본의 신속한 항복을 유도할 기회를 놓쳤다고 주장한다. 일본은 평화회담에서 소련이 중재자 역할을 하는 데 관심을 보였다. 그리고 미국이 일본 천황을 유지하는 것을 받아들일 의향이 있다면 일본은 전쟁을 종식시킬 준비가 되어 있다고 전했다. 그러나 미국은 무조건 항복 이외에 어떤 것도 정한 바 없었다. 포츠담선언은 일본이 당장 전쟁을 끝내는 데 동의하지 않으면 일본군의 총체적 패배와 일본 본토의 완전한 파괴를 초래할 것이라고 경고했다. 미국은 결국 천황을 유지하는 데 동의했기 때문에 이 길을 사전에 닫아 버린 것은 심각한 잘못이라는 것이다.[7]

그러나 비판자들의 주장과는 별개로 트루먼과 그의 결정

---

6) McCullough, *Truman*, p. 443.

7) Margaret Truman, ed. *Where the Buck Stops: The Personal and Private Writings of Harry S. Truman*, New York: Warner Books, 1968, pp. 205~206.

에 대한 옹호자들은 원자폭탄 사용의 정당성을 강조했다. 일본은 평화의 대가로 무조건 항복을 받아들이는 데 진지한 관심을 보이지 않았으며 일본 본토를 침공하는 과정에서 미국이 끔찍한 대가를 치르기를 희망했다는 것이 그들의 주장이다. 모스크바에 있는 일본 대사에게 타전된 전보들은 일본 정부가 무조건 항복에 관심이 없었음을 보여준다. 5월과 7월 트루먼의 항복 요구에 대한 일본의 공식적 거부는 침공을 당하거나 재앙적인 원자폭탄 공격을 받은 이후에야 일본이 연합국의 요구를 받아들일 것이라는 미국의 확신을 강화시켜주었다.

트루먼에게 일본 본토 침공에서 미군이 당하게 될 손실보다 더 무겁게 고려될 것은 없었다. 이전의 오키나와 등에서 나타난 미군의 희생은 일본 본토에 대한 공격에서 발생할 서막처럼 보였다. 일본군은 패배가 확실했지만 항복을 거부했다. 만약 그러한 경험을 토대로 본토를 침공할 경우 미군은 약 25만에서 50만 정도가 희생될 것이라는 것이 군부의 평가였다. 그것은 전쟁에서 당시까지 희생된 전체 미군의 수와 맞먹는 것이었다. 트루먼으로서는 미군을 그렇게 희생시킬 수가 없었다. 그래서 트루먼은 원자폭탄 사용이 "아마도 일본이 신속히 항복하도록 만들 유일한 방법일 것이라는 무서운 결론"에 이르게 되었다.[8]

[8] Truman, *Where the Buck Stops*, p. 205.

게다가 트루먼은 루스벨트가 20억 달러라는 엄청난 비용으로 원자폭탄을 제조하기로 결정했다는 사실을 무시할 수 없었다. 만약 그가 전쟁을 끝내기 위해 원자폭탄 사용이 아닌 침공을 결정했다면, 그리고 그 사실이 국민에게 알려진다면 트루먼은 나라를 이끌 지도력과 국민의 신뢰를 모두 잃을지도 몰랐다. 그는 아마도 루스벨트의 의제를 포기하고 미군을 희생시켜 일본인의 생명을 구한 감상주의자로 매도되었을 것이다.

처칠이 전한 것처럼 원자폭탄 사용에 대한 어떤 결정도 결코 없었다. 그것은 논의의 대상이 아니라 단순한 기정사실이었기 때문이다. "원자폭탄이 사용되어야 하느냐 마느냐에 대해서는 논의도 없었다." "거대한, 무한정적 학살을 피하는 전쟁의 종식을 가져오는 것, 세계에 평화를 가져다주는 것, 몇 개의 폭발 비용으로 압도적인 힘을 보여줌으로써 고통 받는 인민에게 치유의 손길을 내미는 것은 모든 노고와 위험 이후 구원의 기적인 듯했다."[9]

9) Dallek, *Harry S. Truman*, p. 27.

전쟁의 파괴와 죽음 속에서 전쟁 지도자들이 과연 어느 정도 인도주의적으로 전략을 선택할 수 있었을까. 미군과 필리핀군에게 자행한 일본의 극악무도한 행위와 히틀러와 그의 부역자들이 유럽 전역의 집단 수용소에서 6백만 유대인에게 행한 잔혹하고 끔찍한 행위를 경험하면서 연합국

전쟁 지도자들이 독일과 일본 또한 유사한 응징을 받아야 한다고 생각한 것은 어쩌면 당연한 노릇이었다. 볼렌(Charles Bohlen)이 회고하듯이 포츠담에서 "자비 정신은 연합국의 어떤 관리의 가슴 속에도 없었다."[10] 트루먼의 원자폭탄 사용 결정은 이러한 전시 심리상태의 연장선에 있었다. 그러나 그렇다고 해도 단 하나의 폭탄으로 수십만의 시민을 죽인 선택은 결코 비판을 비켜가기 어려운 문제이다. 그리고 다른 무엇보다 원자폭탄의 후유증이 아직도 지속되고 있는 현실에서 볼 때 더욱 그러하다.

10) Charles Bohlen, *Witness to History, 1929~1969*, New York: W. W. Norton, 1973, p. 231.

트루먼은 1945년 8월 6일과 9일, 히로시마와 나가사키에 원자폭탄 공격을 가하도록 승인했다. 8월 10일 일본은 천황이 국가의 원수로 유지될 수 있다면 항복하겠다는 제안을 내놓았다. 트루먼은 일본의 제안을 받아들일 수는 있지만 최고권한은 연합국 점령사령부에 있다고 응답했다. 일본이 다음 3일 동안 조용히 있자 트루먼은 평화 제안을 책략이라고 생각하고 13일 항공기 1천 대로 도쿄를 공습하도록 명령했다. 다음 날 일본의 라디오는 연합국의 평화조건을 수락한다는 천황의 연설을 방송했다. 그렇게 모든 전쟁은 끝났다.

1945년 8월 6일 원자폭탄으로 파괴된 히로시마

그러나 전쟁의 종식과 승리의 들뜬 분위기는 오래가지 못했다. 독일과 일본의 점령은 순조롭게 진행될 것 같았지만 일본 점령 역할을 놓고 미국과 소련 사이에 신경전이 일어났다. 9월 런던 외무장관회의에서는 험악한 악담이 오고 가며, 동유럽과 동남유럽에 대한 소련의 장악력을 완화하려는 영국과 미국의 압박에 소련은 강력히 반발했다. 번스 국무장관의 지나친 행동은 소련의 손을 묶기 위해 미국이 원자폭탄으로 위협한다는 느낌을 주었다. 몰로토프는 "미국은 원자폭탄을 만들고 있는 유일한 국가이기 때문에"

"당신이 말한 것에 큰 주의를 기울여야 한다"며 번스에게 빈정거렸다.11) 결국 이러한 불신과 전시 연합국 사이의 관계 악화는 미래의 평화에 대한 전망을 어둡게 만들었다.

11) Alonzo L. Hamby, *Man of the People: A Life of Harry S. Truman*, New York: Oxford University Press, 1995, p. 39.

전시 연합국 사이의 의견 차이는 12월 모스크바 제2차 외무장관회의에서 더욱 분명해졌다. 소련은 불가리아, 루마니아, 그리고 폴란드에 대한 그들의 통제에 대해 여전히 완고했다. 소련은 자국의 독일 점령 지대에서 향후 독일의 힘을 축소시키고 폴란드가 소련에게 양도한 영토를 보전해주기 위해 독일의 일부를 폴란드에게 양도했다. 소련은 한반도에서 통일정부를 수립하기 이전에 신탁통치를 실시하자는 미국의 제안을 수용했다. 그러나 38선 이북의 점령지대에 대한 통제를 양보할 생각은 없었다. 미국 또한 38선 이남을 관리하고자 했다. 그래서 신탁통치에는 합의했지만 그것은 어떤 해결책이 되지 못하고 임시정부의 수립을 놓고 벌어질 지루한 논의와 갈등을 예비하는 것이었다. 소련은 또한 약속을 어기고 북부 이란으로부터의 철군을 망설이고 있었다. 미국은 그것을 이란의 주권에 대한 침해라고 선언한 바 있었다. 이란은 이후 미국과 소련, 그리고 유엔의 힘의 시험대가 되었다.

모스크바외상회의 이후 트루먼은 소련에 대해 보다 강경

한 노선을 취해야 한다는 생각을 굳혔다. 트루먼은 소련의 제도를 이식하고 있는 동유럽 국가들, 특히 루마니아와 불가리아를 '경찰국가(police states)'로 보았다. 트루먼은 그들이 민주적 제도를 수용하지 않으면 정부로 승인하지 않을 작정이었다. 트루먼의 그러한 생각은 어쩌면 극히 비현실적인 것이었다. 소련이 지배를 위한 청사진을 가지고 있든 아니든 동유럽에는 소련군이 주둔하고 있었다. 그래서 동유럽 국가들이 소련의 이해와 상충되는 정치적·경제적 제도를 채택하기는 어려웠다. 트루먼은 이란에서도 소련의 계획에 맞서기 위해 모든 힘을 다해 저항해야 한다고 생각했다. 트루먼은 또한 소련이 터키를 침공하고 지중해로 나가는 흑해를 장악할 의도를 가지고 있다고 의심했다.

그러한 소련 위협의 도미노적 확대에 대한 트루먼의 믿음은 이후 미국의 냉전 정책에서 중요한 역할을 하게 되었다. 트루먼은 소련의 야욕에 강력하게 대응하는 것이 옳다고 믿었다. 그가 보기에 소련은 철권과 강력한 언어에 직면하지 않으면 또 다른 전쟁을 준비할 것이었다. 소련이 이해하는 유일한 언어는 "당신은 얼마나 많은 군대를 가지고 있소?"라고 트루먼은 생각했다.[12] 그는 소련을 달래는 데 지쳤고 더 이상의 타협은 안 된다고 결심했다.

전쟁이 종식된 이후 국제적 분쟁은 세계 곳곳에서 발생

12) Truman, *Memoirs of Harry S. Truman*, p. 552.

했다. 특히 중국은 1945년 8월 일본이 항복한 이후 내전상태에 빠졌다. 중국이 일본이라는 공동의 적과 마주하고 있는 한 장제스(蔣介石)의 국민당정부와 마오쩌둥(毛澤東)의 공산당 사이의 긴장은 그럭저럭 제어할 수 있었다. 하지만 일단 전쟁이 끝나자 그들의 분열은 다시 표면화되었다. 루스벨트는 얄타회담에서 중국의 연립정부에 대한 지지를 확보할 수 있을 법한 합의를 스탈린으로부터 이끌어냈다. 그것은 전후 중국에서 충돌을 막는 데 목적이 있었다. 스탈린은 루스벨트의 제안에 합의해주고 그 대가로 소련의 외몽고 통제, 중국의 부동항 다롄(Dairen)에 접근, 소련의 해군기지로 사용하기 위한 뤼순(Port Arthur)의 조차, 그리고 만주철도의 공동 관리를 챙겼다.

미국과 소련은 전후 중국에서 벌어진 사태를 충분히 제어할 수단을 가지고 있지 않았다. 9월 공산당이 장악한 북부에서 내전이 발발하여 가을에 이르러 다른 지역으로 확대되었다. 11월 헐리(Patrick Hurley) 중국 주재 미국 대사가 국무부와 백악관에 알리지 않고 갑자기 공개적으로 사임을 선언했다. 그는 중국의 내전이 본질적으로 중칭(重慶)의 미국 외교관들 잘못이라고 주장했다. 그는 미국 외교관들이 장제스의 부패하고 비민주적인 정권을 타도하기를 바란다고 비난했다. 그것은 트루먼의 대외정책 운영에 대한 명백하고도 해로운 공격이었다. 헐리의 그러한 태도와 발언은 트루먼에게 심각한 모욕이었다. 헐리에게 몹시 화가 난 트루먼은 각료회의에서 사적으로 그의 기분을 털어놓았다. "개자식이 한 짓을 보세요."13) 사실 헐리의 발언은 1946년 의회선거전에서 트루먼과 민주당에 대한 공화당의 공격 신호탄이었다. 그래서 트루먼에게 중국 내전을 멈추게 하는 것은 미국 국내정치의 측면에서도 매우 중요했다. 트루먼은 마셜 전 육군참모총장에게 요청하여 헐리를 대체하고 내전 종식을 협상하도록 했다. 트루먼은 당파적이지 않은 군사지도자 마셜 장군에 대해 최고의 존경심을 가지고 있었다. 마셜은 퇴직한 지 얼마 되지 않았음에도 보람이 없어 보이는 그 임무를 맡았다. 그가 일을 맡으면서 제시한 유일한 조건은 장제스 때문에 중재가 실패하더라도 국민당을 계속 지지해야 한다는 것이었다.

미국과 소련의 관계 악화와 더불어 중국에서의 그러한 사태는 보다 평온한 세계를 바라는 대다수 미국인의 희망을 무너뜨렸다. 그리고 대외문제에 대한 냉소주의와 고립주의 정서가 전국에서 다시 등장하면서 트루먼의 인기는 크게 떨어졌다. 그러나 대통령의 인기 하락은 대외문제만큼이나 국내문제와 관련이 있었다.

국내문제에서도 트루먼은 루스벨트의 그림자 속에서 일

13) Dallek, *Harry S. Truman*, p. 30.

하고 있었다. 루스벨트는 대공황 동안 나라를 이끌었으며 1944년 연두교서에서 나라가 잘못되어 의식주가 제대로 해결되지 못하고 불안하다고 생각되면 항의하라고 주문했다. 트루먼은 루스벨트의 그러한 약속을 지켜야 했다.

일본의 공식적 항복 다음 날인 9월 6일 의회 메시지를 통해 트루먼은 전시경제에서 평시경제로의 순조로운 전환을 호소했다. 그의 메시지는 전쟁 종식과 방위비 감축, 그리고 동원 해제된 수백만의 군대 노동력이 또 다른 대공황을 야기할지도 모른다는 광범위한 국민적 우려를 반영했다.

트루먼은 1920년의 전후 불경기를 생생히 기억했다. 그 때 트루먼의 잡화상도 실패했고 대다수 미국인이 비슷한 경험을 했다. 트루먼은 심각한 경제 침체에 대비하여 모든 사람에게 좋은 급료의 일자리를 제공하고, 고용에서 인종차별을 반대하는 공정고용 관행을 실시하고, 주거 안정을 위한 감당할 수 있는 주택을 공급하고, 소기업과 농민에 도움을 주는 사회안전시스템을 강화하고, 그리고 심각한 의료 비용으로부터 미국인을 보호하는 전국적 건강보험프로그램을 보장하고자 했다.

그러나 의회는 트루먼과는 달리 시간적 촉박함을 느끼지 못했다. 1938년 이후 의회선거로 민주당 보수파의 힘이 확대되자 뉴딜정책은 상당히 지체되었다. 그래서 의회와 국민이 뉴딜정책 초기의 경제적·사회적 개혁을 넘어설 준비를 해야 한다고 믿을 만한 충분한 이유가 사실상 없게 되었다. 더구나 종전 직후 수개월 동안의 일련의 노동자 파업은 보수주의적 국민의 분위기를 부추겼다. 노동조합은 노조원들의 생활수준의 저하에 화가 났다. 전시생산 계획을 급격히 감소시키기 위한 시간감축과 가격통제의 제거로 인해 발생한 인플레는 노동자의 구매력을 떨어뜨렸다. 부족한 물품의 생산을 방해하는 파괴적인 파업은 노동조합을 이기적이고 비애국적으로 보는 중산층 미국인을 몹시 화나게 했다. 그들은 작업 중단이 있기 전에 정부가 노사 분쟁에 개입하여 중재하고 만약 그것이 실패하면 파업을 강제로 종식시키기 위해 강력 개입해야 한다고 생각했다. 대다수 미국인은 노동자의 생활비 상승에 대해 공감하지 못하거나 무관심했다. 그것은 오히려 자동차와 주택 가격을 올릴 것으로 보였다.

트루먼은 당시 자신이 보수주의자와 자유주의자 사이에 붙잡혀 있음을 알았다. 전쟁의 폭풍은 지나갔지만 새로운 갈등의 폭풍이 그를 흔들고 있었다. 군대를 동원 해제하고 전시경제로부터 평시경제로 경제를 되돌리려는 노력은 미국의 다양한 사회계급의 이해 및 이념과 충돌할 수밖에 없었다. 트루먼은 가능한 모든 국민을 수용하고 협상을 통해 모든 분파들의 갈등을 해결함으로써 국내의 평화를 유지하고자 했다. 그러나 트루먼의 이상적 바람은 결국 아무도 만족시키지 못하고 말았다. 평화는커녕 국민 사이의 갈등과 분열의 골은 더욱 패였고 그것은 트루먼 행정부를 거의 붕괴 상태로 몰고 갔다.

트루먼은 9월 의회 메시지에서 루스벨트의 가장 진보적인 관점을 되풀이하였다. 그래서 국민은 트루먼이 국내정책에서 좌파로 기우는 것으로 보았다. 그러나 자유주의자들은 그에게 실망했다. 그들은 트루먼이 의회를 충분히 압박하여 진보주의적 의제를 관철시키고자 하지 않는다고 생각한다. 게다가 자유주의자들은 대통령이 노동정책에 대한 미온적 지지를 보인 것에 분노했다. 트루먼은 보다 높은 임금이 국가의 성장과 번영을 유지하는 본질이라는 데 동의했지만 노동조합이 30%의 임금인상을 요구하는 것은 지나치며 인플레를 더 악화시킬 것이 분명하다고 보았다.

자유주의자들은 트루먼이 중요한 행정직에 보수적 민주당원을 임명한 것에 불만을 가졌다. 그들은 미주리 은행가이며 트루먼의 친구인 스나이더(John W. Snyder)를 전쟁동원 및 산업재전환(Office of Mobiliztion and Reconversion) 국장으로 발탁한 것에 분노했다. 자유주의자들은 또한 보수적 민주당원이며 캘리포니아 석유사업가인 폴리(Edwin Pauley)를 연합국배상위원회(Allied Repatrtions Commission) 대사로 임명하는 데 반대했다. 자유주의자들은 트루먼의 민주당 보수파에 대한 근친성을 경제적·정치적 편향의 징후로 보았다.

그러나 경제에 정부가 지나치게 제한적으로 개입한다는 자유주의자들의 불만에도 불구하고 트루먼은 여전히 기업지도자들의 구미에도 맞지 않았다. 어느 정도의 임금인상을 노동조합에 양보하라는 트루먼의 기업에 대한 압력이나 루스벨트의 사회복지 혹은 사회주의적 시도라고 보이는 것들에 대한 트루먼의 지지는 그가 대기업의 동맹이 아니라는 사실을 다수의 보수주의자들에게 확신시켜주었다. 모든 미국인의 구매력을 떨어뜨린 인플레와 적정가격의 주택 공급 부족은 중산층 미국인들 사이에 전후 경제전환이라는 도전을 트루먼이 감당할 수 있을지 의문이 들게 만들었다.

전쟁 종식은 트루먼에게 전쟁보다 더욱 무거운 짐을 지웠다. 전후 평화의 모색과 정상적인 사회경제로의 전환은 그에게는 너무나 벅찬 도전들이었다. 트루먼은 자신이 대통령이 되는 것을 원치 않았다. 그는 그러한 속내를 종종 털어놓았다. 대통령의 그러한 태도는 일부 각료들을 실망시키기도 했다. 이케스(Harold Ickes) 내무장관은 트루먼이 자주 그런 말을 했으며 자신은 대통령이 그러지 않았으면 한다고 생각했다. 그것은 "대통령에게도 나라에도 좋지 않아" 보였기 때문이다.14)

14) Donovan, *Conflict and Crisis*, p. 125.

그러나 1945년 후반 트루먼이 직면한 도전과 그의 솔직한 고백은 비단 트루먼의 것만이 아니었다. 미국 대통령직이라는 자리는 누가 그것을 차지하든 정도의 차이는 있겠지만 고독하기는 마찬가지였다. 미국역사를 꼼꼼하게 읽은 트루먼은 대통령이 된다는 것이 무거운 짐을 짊어진다는 의미임을 잘 알고 있었다. 초대 워싱턴 대통령은 자신이 "가장 비열한 부류라는 지나친 비난에 시달린다"고 불평했고, 토마스 제퍼슨은 대통령의 직무를 '화려한 고통'이라고 논평했으며, 앤드루 잭슨은 자신을 '기품 있는 노예 신세'라고 탄식했다. 우드로 윌슨은 "대통령은 일종의 우수한 노예이다"라고 주장했고, 워런 하딩과 허버트 후버에게 백악관은 '감옥'이요 '수용소'였다. 그러므로 백악관은 "야심과 명성의 거대한 백색 무덤"이라는 트루먼의 불평은 위의 리스트에 하나 더 첨가한 것일 뿐이었다. 그러나 마치 "호랑이 등을 타고 있는 듯하다"는 트루먼의 심정은 그만큼 국내외적 상황이 어려웠음을 대변해준다.15)

15) Dallek, *Harry S. Truman*, p. 34.

# 다시 찾아온 시련

## 3장

능력의 시험

# 능력의 시험

 1946년은 트루먼의 24년 공직 생활에서 그가 견뎌낸 많은 시련들 가운데 가장 힘든 시기였다. 이 12개월의 도전은 소설가 스타인백(John Steinbeck)의 말처럼 "국민은 대통령에게 보통 사람이 감당할 수 있는 것보다 더 많은 압박"을 주었다.[1] 국민은 마치 대통령이 그들의 소유물이며 그래서 그것을 파괴할 권리를 가지고 있는 듯이 행동했다. 그러나 트루먼은 '모든 책임은 내가 진다(The Buck Stops Here)'라고 쓰인 그의 책상 위에서 모든 책임을 받아들였다.

 군대를 동원 해제하는 일은 트루먼에게 가장 어려운 일 가운데 하나였다. 1945년 9월 전쟁이 끝났을 때 트루먼은 군인들을 귀국시켜야 한다는 압력에 시달렸다. 전쟁 종식 당시 참전 미군은 약 1천2백만 명이었다. 때문에 1천만 이상의 군인들을 신속히 가족의 품으로 돌려보내야 했다. 그러나 트루먼은 축소된 군대로 독일과 일본을 효과적으로

---

[1] Robert Dallek, *Harry S. Truman, The American Presidents* in eds., Arthur M. Schlesinger, Jr & Sean Wilents, New York: Henry Holt & Company, 2008, p. 35(재인용).

점령할 수 있을지 그리고 미국 경제가 그렇게 많은 사람을 제대로 흡수할 수 있을지 회의적이었다.

트루먼은 신속한 동원 해제 문제를 의회에게 맡겨 비난의 화살을 피하고자 했다. 그는 의회가 군인들을 무차별적으로 동원 해제하기보다는 비용이 많이 드는 혹은 장기 복무 군인들을 먼저 귀환시키길 바랐다. 그러나 홀로 자식을 키우며 남편의 제대를 요구하는 부인들의 뜨거운 호소를 외면하기는 어려웠다. 그러한 요구를 무시하고 애국적 임무를 마친 군인들을 신속히 동원해제하지 않는다면 정치적 곤경에 처하게 될 것이 뻔했기 때문이다.

그런 분위기에서 대통령이 국민에게 미국의 새로운 국제적 의무를 피할 수 없다고 주장하면서 신속한 동원 해제에 대한 압력을 피하려고 한다면 트루먼의 인기만 하락시킬 수 있었다. 물론 국민 대다수는 미국이 새롭게 직면한 국제적 어려움과 역할에 대해 알고 있었다. 그리고 원자폭탄이 평화를 충분히 보장하지 못하리라는 것도 이해했다. 그래서 의회는 기존의 병역법을 바꾸는 것을 선호했으며 신체 건강한 모든 남자가 1년 혹은 18개월 동안 군사훈련을 받아야 한다는 대통령의 제안을 지지했다.

트루먼은 동원 해제를 놓고 국민과 맞설 생각을 접었다. 사실 트루먼은 동원 해제로 군대의 규모가 작아지면 인플레를 자극하는 적자 재정을 줄이는 것이 보다 용이할 것이라고 생각했다. 뿐만 아니라 자신이 판단한 소련의 위험성을 솔직하게 말하는 것이 당장은 도움이 되지 않을 것으로 판단했다. 그것은 오히려 국제적 긴장을 고조시키고 미국의 고립주의적 경향을 되살려낼 수도 있었기 때문이다.

그러나 국제적 사태는 트루먼의 선택을 곤혹스럽게 만들고 있었다. 1946년 1월 이후 동유럽은 물론이고 이란 사태는 신속한 동원 해제를 못마땅해 한 트루먼의 반발을 불러왔다. 트루먼은 "미국의 미래는…… 전쟁 때 그랬던 것과 유사한 위태로운 [처지에 있다]"고 주장했다.[2] 그의 발언에 고향으로 돌아가기만을 고대하던 군인들은 세계 곳곳의 미군기지에서 시위를 벌였다. 국내에서도 항의가 빗발쳤다. 항의자들은 복무 해제를 원하는 많은 병사들의 탄원서를 제출하기도 했다. 그러나 트루먼은 그러한 항의와 탄원에 대해 단호하게 대처했다. 하지만 트루먼은 군복무 종식을 요구하는 재향군인회의 압력에 무너졌다.

트루먼은 군 고위 장성들의 요구를 받아들여 1946년 봄 의회에서 의무병역법(Selective Service law)의 1년 연장을 요구했다. 하지만 일반군사훈련(universal military training)은 또 다른 문제였다. 트루먼은 의회가 모든 건장한 청년들에게 군복무를 요구하는 법을 만들어 미래의 안보에 대비해야

2) *Public Papers of the Presidents of the United States: Harry S. Truman, 1946*, Washington, D.C.: Government Printing Office, 1961, PP. 15~16.

한다고 주장했다. 그러나 트루먼은 군사문제에서 신뢰를 잃고 있었으며 특히 해군의 반대에 직면하여 의회의 긍정적인 반응을 얻지 못했다.

트루먼에게 군대의 동원 해제와 새로운 병역 및 군사훈련의 문제는 누가 보더라도 그가 어려운 한해를 맞고 있다는 생각을 들게 했다. 그러나 트루먼에게 더욱 심각한 문제는 국내의 사회경제적 갈등이었다. 보수주의자도 자유주의자도 노동조합도 만족시키기 어려웠기 때문이다. 노동조합은 트루먼에게 지속적인 슬픔의 원천이었다. 1946년 1월 3일 전국에 방송된 연설에서 트루먼은 인플레를 경고했다. 그가 보기에 그것은 거의 모든 주요 산업에서 분규를 유발하고 1920년대보다 훨씬 더 심각한 경제의 붕괴를 촉진할 수 있었다. 트루먼은 1946년에 미래를 위한 미국 경제구조의 토대를 마련하고자 했다. 트루먼은 국가의 산업에 긴장을 초래한 것은 의회가 자신이 제안한 경제계획 법안을 통과시키지 않았기 때문이라고 비난했다. 그러나 개인적으로 그는 국가이익보다는 이기적인 이익을 먼저 생각하는 것으로 보이는 노동, 경영, 그리고 국민 모두에게 화가 났다. 트루먼은 "국민의 도움 없이는 어떤 슈퍼맨이라도 이 시대의 세계문제를 성공적으로 감당할 수 없다"고 불평했다.[3] 그는 노동계가 마치 정신이 나간 듯이

3) Robert J. Donovan, *Conflict and Crisis: The Presidency of Harry S. Truman, 1945~1948*, New York: W. W. Norton, 1977, p. 164.

요구하고 있으며 경영계 또한 타협할 줄 모르는 못된 버릇을 가지고 있다고 생각했다.

1946년 1월 중순 80만 철강노동자의 파업에 이어 자동차 노동자, 유리제조공, 전화교환수, 전기수도가스회사 직원, 그리고 무수한 다른 산업 노동자들이 부적절한 급료, 복리후생, 노동조건에 항의하여 파업에 참여했다. 트루먼은 노사 양측에 나라를 위해 대승적으로 양보할 것을 간청하는 일 말고는 효과적인 대응을 하지 못했다. 우여곡절 끝에 철강노동자 파업은 2월에 누그러졌지만 그 합의는 시간이 지나면서 노동조합이 새로운 임금인상을 요구하게 만들고 그것은 추가적인 인플레를 자극할 것이 확실했다.

4월과 5월 석탄노동자의 파업은 전국의 수송을 중단시킨 전국철도노동자 파업을 불러오고 연이어 다른 산업 부문으로 파업이 번져갔다. 미국인 대다수는 전기, 가스, 전화, 그리고 지방 수송회사와 같은 공익산업에서 파업을 금지하는 법에 찬성했다. 국민의 70%가 한 해 동안 모든 파업과 공장폐쇄에 대해 '일시중지(moratorium)'를 지지했다. 트루먼은 철도노동자들의 파업과 그들의 국가이익에 대한 무관심에 격노하여 정부에 맞서 파업하는 모든 노동자를 군대에 징집할 수 있는 권한을 대통령에게 부여하는 법안을 통과시켜줄 것을 의회에 직접 호소했다.

1946년 철강노동조합 파업 기사들 모음

대통령의 요청에 하원은 신속히 동의했으며 자극을 받은 철도노동조합도 화해를 받아들였다. 그러나 상원은 대통령의 요구를 받아들이는 것이 길게 보면 후회할 수 있는 대통령 권한의 비헌법적 확대라고 판단해 거부했다. 뉴딜주의자 이케스는 트루먼의 법안을 "노동자의 기본권과 나라의 민주적 전통에 맞선 폭거"라고 비난했다.[4] 공공의 선에 무관심하며 이기적으로 행동하는 것처럼 보이는 노동자들에 대한 엄격한 조치를 바라는 극적인 호소 덕분에 트루먼의 지지는 약간 올라갔다. 하지만 그것도 일시적인 것이었다.

국민들 다수는 파업만이 아니라 인플레 관리에 대한 대통령의 무능도 비난했다. 트루먼이 일부 제조품과 식품, 가솔린, 그리고 의류에 대한 가격 통제를 완화한 이후 국가의 경제적 안정을 위협한 악성 인플레 속에서 가격은 덩달아 치솟았다. 트루먼은 인플레가 심화되자 6월에 종료될 가격관리국(Office of Price Administration)의 연장을 요구하는 문제를 검토했지만 국민은 그의 경제운영을 신뢰하지 않았다.

경제적 상황이 점점 어려워지자 대통령의 지도력에 대한 언론의 평가도 하나같이 부정적이었다.『네이션(The Nation)』은 트루먼을 "약하고, 당황해하고, 화난 사람"으로 묘사했고, 미국의 저명한 칼럼니스트인 리프먼(Walter Lippmann)은 트루먼이 "수상쩍은 판단력을 갖고 있는 측근에 둘러싸여 있다"고 비난했다. 대통령이 현명한 결정을 내리는 데 그들이 방해가 되고 있다는 것이다. 다른 사람들은 트루먼이 모든 사람을 만족시키려는 혹은 누구도 소외시키지 않으려는 희망 속에서 대립적인 관점에 지나치게 타협적이거

---

[4] Dallek, *Harry S. Truman*, p. 40.

나 뚜렷한 목적의식이 없다고 비난했다.5)

트루먼은 그러한 비판들에 몹시 당황하고 화가 났다. 그러나 그는 그것을 감추었다. 트루먼은 과거 루스벨트의 측근들을 괴짜들이며 과격파라고 보았다. 트루먼은 그 과격파의 한 사람인 이케스를 대체한 크루그(Julius Krug) 내무장관에게 비판적인 모든 신문기사와 칼럼을 담당하는 장관을 임명해야 할지도 모르겠다고 투덜거렸다고 한다. 1946년 가을, 유권자들이 가격통제의 지속에 반대했을 때 트루먼은 사적으로 "전능한 신 대신에 재물을 추구하고," "이기심과 탐욕의 힘에 넘어갔다"고 비난했다.6)

당시 트루먼은 누구도 그가 직면한 문제에 효과적인 해답을 갖고 있지 못할 것이라는 믿음으로 위안을 삼았다. 그러나 그것은 자신의 한계를 합리화하는 것에 불과했으며 나라는 예상치 못한 어려움에 시달렸다. 제1차 대전 직후의 경제적 침체와 1930년대 공황에 대한 기억에 사로잡힌 대다수 국민은 그것이 되풀이되지나 않을까 두려워했다. 인플레와 파업이 주요한 경제적 이슈로 떠올랐을 때 트루먼 행정부가 그것에 효과적으로 대응하지 못하자 그러한 두려움은 공포로 변했다. 그런데도 트루먼은 문제를 돌파할 방안을 준비하지 못했다. 그래서 문제는 더욱 커져갔다. 트루먼은 자신의 처지를 후버와 비교했다. "후버는 그가 할

5) David McCullough, *Truman*, New York: Simon & Schuster, 1992, pp. 482 · 492~493.

6) McCullough, *Truman*, p. 485.

수 있는 최선을 다했지만 당시로서는 그가 극복할 수 없는 어려움에 직면했다. 그런데 후버와 그의 행정부는 스스로 잘못하지 않은 일로 인해 비난받았다"고 트루먼은 생각했다.[7] 트루먼의 자기변호가 어느 정도 타당한 것일지도 모른다. 그러나 그는 경제의 국가적 위기에 직면하여 대통령에게 요구되는 자질과 태도에 문제가 있었다. 훌륭한 대통령이라면 스스로 결단을 내릴 수 있고 논쟁을 두려워하지 않고 대통령의 결정에 반대하는 집단을 공격하는 것을 두려워하지 않아야 했다. 트루먼은 1946년의 국내적 고통으로부터 많은 것을 배웠다. 약한 대통령은 문제를 제대로 다룰 수 없다는 사실이었다.

7) Margaret, ed, *Where the Buck Stops*, p. 87.

1946년 대외문제의 어려움은 트루먼이 국내에서 직면한 문제 못지않았다. 2월 스탈린은 소련 인민에게 자본주의적 제국주의와의 다가오는 대결에서 중요한 군사력을 갖추기 위해 소비재를 희생해야 한다고 주장하면서 새로운 5개년 계획을 발표했다. 다수의 미국인은 스탈린의 연설을 그가 불가피하다고 믿는 사회주의와 자본주의 사이의 전쟁에 대한 일종의 선전포고로 보았다. 2주 뒤 캐나다에 암약하는 간첩이 원자폭탄 비밀을 소련에 넘겼다는 신문보도가 있자 트루먼 행정부 내의 공산주의 동조자들이 소련의 원자폭탄 개발을 위해 간첩활동을 하고 있다는 의심이 국민들 사이에서 일기 시작했다.

미국정부 일각에서는 월러스 상무장관처럼 스탈린의 연설과 소련의 간첩활동이 미국의 호전성, 소련의 건설 차관 요청에 대한 미국의 거부가 불러온 소련의 방어적 대응이라고 주장하기로 했다. 그러나 정부 내의 다른 사람들은 소련의 그러한 행동을 세계지배의 경쟁에서 미국을 무너뜨리려는 결심을 보여주는 것이라고 점차 확신했다.

모스크바 주재 케넌(George F. Kennan) 참사관은 1946년 2월 22일 '장문의 전문(long telegram)'에서 그러한 두려움을 강력히 피력했다. 그는 소련이 서구에 대한 적대감을 가라앉힐 길은 없다고 경고했다. 케넌은 스탈린의 연설을 대외 위험에 대한 두려움을 조장함으로써 국내에서 권력을 공고히 하려는 정치적 수단이라고 보았다. 그래서 미국은 한편으로는 소련이 내부 모순으로 붕괴되기를 기다리면서 다른 한편으로는 공산주의 팽창 시도와 민주적 제도의 전복 시도를 저지해야 한다고 케넌은 주장했다.[8]

8) 김정배, 『미국과 냉전의 기원: 공존과 지배의 전략』, 서울: 혜안, 2001, 79-87쪽.

트루먼은 케넌의 분석을 읽고 소련의 위협을 다루는 그의 처방을 승인했다. 그러나 국내의 정치적 대립 경향은 그가 공개적으로 그것을 말하기 어렵게 만들었다.

그러나 트루먼은 2주일 뒤 기회를 맞았다. 영국의 처칠 수상은 미주리 풀턴의 웨스트민스트대학(Westminster College)

에서 연설하게 되었다. 처칠은 연설에 앞서 백악관을 예방하여 자신의 연설 내용을 설명했으며 트루먼에게 연설 사본을 건넸다. 트루먼은 처칠의 생각과 행동에 공감을 표했다. "그것이 바람직하고 좋은 결과를 낳게 될 것입니다." 트루먼은 웨스트민스트대학 청중에게 처칠을 소개함으로써 처칠의 발언에 무게를 실어주었다. 처칠의 연설이 미국인에게 반소련 연합을 주도할 것을 요청하고 있다는 것은 의심의 여지가 없었다. "발틱해의 스테틴에서 아드리아해의 트리에스테까지 철의 장막이 대륙을 가로질러 드리워졌다"고 처칠은 주장했다. 그런 다음 처칠은 소련의 팽창주의에 대한 효과적인 억제로써 영-미 군사동맹을 호소했다.[9]

9) Margaret, ed. *Where the Buck Stops*, pp. 87-89.

백악관은 처칠의 연설에 대한 트루먼의 무언의 공식적 지지에도 불구하고 처칠의 언급에 대한 사전 인지 혹은 승인을 부인했다. 미국정부의 공개적 지지가 미-소 관계에 위기를 불러일으킬 수 있다는 우려 때문이다. 국내적 압박 또한 트루먼이 소련의 의도에 대한 처칠의 경고를 확인하기를 꺼리게 만들었다. 유력한 언론인 리프먼은 처칠의 연설을 동-서 전쟁의 가능성을 높일 '거의 재앙적인 실수'라고 비난했다. 이러한 비판적인 논평은 루스벨트의 미망인 엘리노(Eleanor Roosevelt)와 이케스, 월러스 등 뉴딜주의자들로 이어졌다. 그들은 처칠의 연설을 소련에 대한 공격이

1946년 처칠의 '철의 장막' 연설을 듣고 있는 트루먼

며 유엔에 대한 모욕이라고 성토했다. 트루먼은 민주당의 토대를 구성하는 주요한 일부와 적대하게 될 공식적 태도를 취하는 것을 경계하였다. 그는 또한 미국 국민이 소련의 행동에 강력하게 비판하는 데는 공감하겠지만 소련을 위협할지도 모를 군사력 강화를 포함한 단호한 정책에 동의할 준비가 되어 있다고는 생각하지 않았다.10)

트루먼은 처칠의 언급에 대해 공식적 입장 표명을 꺼려했다. 그러나 그러한 태도는 대통령에 대한 국민의 신뢰감을 더욱 떨어뜨렸다. 트루먼은 언론에게도, 그에 대한 비판자에게도, 옹호자에게도, 결국 국민에게도 소련에 대

10) John L. Gaddis, *The United States and the Origins of the Cold War, 1941~1947*, New York: Oxford University Press, 1972, pp. 308~309.

한 어떤 분명하고 적극적인 정책을 내놓지 못했다. 그는 당황하면서 대충 얼버무리는 듯했다. 트루먼에게 참으로 나쁜 시기였다. 트루먼은 비교적 잘한 일에 대해서조차 국민으로부터 신뢰를 얻지 못했다.

3월 이란 북부 지방 아제르바이잔(Azerbaijan)을 놓고 미국과 소련은 갈등 상황을 맞았다. 소련은 제2차 대전 동안 전쟁의 편의상 이란에 소련군을 주둔시키고 종전 이후 6개월 내에 철수하기로 합의한 바 있었다. 그러나 소련은 약속한 시한을 어겼다. 그러자 번스 국무장관과 국무부는 이란의 주권 침해를 끝내라는 유엔의 요구를 공개적으로 지지하고 나섰다. 미국의 압력을 받은 소련이 결국 철수함으로써 문제가 일단락되자 케넌의 봉쇄전략이 성공한 듯 보였다. 그러나 그러한 성공에 대한 칭찬은 소련에 직접 압박을 가한 대통령이 아니라 번스의 외교적 승리에 주어졌다.

하지만 미국이 실패한 문제에 대한 비난은 여지없이 대통령에게 떨어졌다. 국무부는 원자폭탄의 확산을 막기 위한 제안을 유엔 원자력위원회에 제출했다. 애치슨(Dean Acheson) 국무부 차관과 릴리엔틸(David Lilienthal) 테네시개발공사 사장이 작성한 그 제안은 다른 나라가 원자폭탄을 개발하지 않을 것임을 확실히 한다면 미국의 원자폭탄 병기고를 제거하겠다는 내용이었다. 그들의 제안은 미국의 국가안보에 대한 위험을 초래하지 않으면서 미국이 그것을 폐기하게 될 때까지 원자폭탄의 독점을 유지하겠다는 의지를 담고 있었다. 그들은 그렇게 하는 것이 의회와 국민의 지지를 확보하는 길이라고 믿었다. 뿐만 아니라 그들은 소련 영토의 국제적 사찰을 주장하지 않고 소련이 자진하여 부인한다는 약속을 신뢰함으로써 소련의 지지를 얻고자 했다.

트루먼과 번스는 미국의 국제적 군사지배를 유지할 힘과 자유를 빼앗을 원자폭탄 제거를 의회가 합의하지 않을 것으로 보았다. 그래서 민주당과 공화당 모두에게 정치적 영향력을 행사하는 금융업자 바루크(Bernard Baruch)를 끌어들였다. 그는 유엔 원자력위원회의 미국 대표 자리를 맡았다. 그러나 그가 그 자리를 수락한 데는 조건이 따랐다. 미국의 제안은 국무부가 아니라 자신의 의견과 일치해야 하며 조항의 어떤 내용도 그의 재량권하에 있다는 확인이었다. 바루크는 각별히 군축합의를 위반하는 나라에 대한 제제와 그 제제에 대한 안보리의 거부권 행사의 중지를 요구했다. 바루크의 요구는 만약 소련이 원자폭탄을 개발하지 않겠다는 약속을 어겼을 경우 그에 대한 유엔의 제제를 통제할 수 없게 만드는 것을 의미했다.

바루크 플랜(Baruch Plan)이 유엔에 소개되었을 때 그것은 누구도 만족시킬 수 없었다. 트루먼은 바루크를 화나게

해서는 안 된다고 생각했다. 그는 대중적 연출 감각이 있는 변덕꾸러기였기 때문이다. 그러나 바루크 플랜은 미국 의회와 소련의 기분을 언짢게 했다. 바루크 플랜은 유엔에서 수개월 논의되었지만 결국 사라졌다. 그래서 트루먼은 보수주의자와 자유주의자 모두로부터 공격을 받았다. 보수주의자들은 바루크 플랜을 소련에 유화하기 위한 처방으로 간주했다. 그리고 자유주의자들은 그것이 미국의 군사적 우위를 보장하기 위한 방법으로써 소련에 대한 추가적 도발이며 원자폭탄의 지속적인 독점을 보장하기 위한 수치스런 제안이라고 비난했다.

소련의 바루크 플랜에 대한 거부는 궁지에 몰린 트루먼을 몹시 화나게 만들었다. 한때 트루먼은 월러스가 임석했을 때 자신의 반소련 감정을 노골적으로 표현한 바 있는데, 월러스는 트루먼의 적개심이 제3차 세계전쟁을 초래할지도 모른다고 회상했다. 월러스는 트루먼이 소련의 입장을 좀 더 잘 이해하도록 돕고자 했다. 그는 대통령에게 제2차 대전에서 소련이 당한 고통과 미국의 호전성이 전쟁을 초래할 긴장을 불러일으키고 있다고 말했다. 트루먼은 월러스의 말에 수긍하지 않았다. 그는 월러스를 세계문제를 잘 모르고 특히 소련의 의도에 대해 판단력이 부족한 유별난 사람이라고 생각했다.

9월에 이르러 트루먼은 소련이 이익을 위해 무자비하게 행동하고 있는 것으로 보기 시작했다. 트루먼이 보기에 소련의 그러한 행동에는 미국을 무너뜨리는 뜻이 내재되어 있었고, 그래서 미국은 소련의 팽창주의를 억제할 필요가 있었다. 그런데도 트루먼은 여전히 미국이 소련과의 냉랭한 경쟁에서 승리하기를 희망했을 뿐 미국의 억제 행동이 새로운 전쟁을 초래할 수 있다고는 생각하지 않았다. 월러스와 트루먼의 생각 차이도 여기에 있었다.

9월 12일 트루먼과 월러스의 사이는 극도로 악화되었다. 그날 월러스는 뉴욕의 매디슨 스퀘어가든(Madison Square Garden)에서 연설했다. 그 연설은 11월 의회선거에서 민주당 후보를 지지하는 정치연설로 알려졌다. 그러나 월러스는 그것을 미국의 대외정책과 미래의 평화를 위한 요구에 초점을 맞출 기회로 이용했다. 그는 최근 트루먼 행정부의 소련에 대한 강경한 태도에 반대하고, 소련이 미국과 동일한 방식으로 모든 미국의 움직임에 대항할 것이라고 경고했다. 미국의 소련정책이 소련과 전쟁을 원하는 미국 안팎의 인물들이 주도하도록 내버려 두어서는 안 된다고 주장했다.

월러스는 백악관에서 트루먼과 얼굴을 마주하며 미리 연설을 검토했었다. 그때 트루먼은 연설 내용에 반대하지 않았다. 12일 저녁 기자회견에서 연설 복사본을 갖고 있는 기자들이 대통령의 생각을 물었을 때 트루먼은 "연설 전체를 승인했다"고 말했다. 그리고 월러스의 연설이 번스 국무장관이 소련에 대해 말한 것과 충돌한다고 생각하는지에 대해 묻자 트루먼은 "그렇지 않다고 생각한다. 그것들은 정확히 동일 선상에 있다"고 대답했다.[11]

11) Dallek, *Harry S. Truman*, p. 47.

월러스가 연설하기 전에 트루먼과 그의 측근은 그것이 백악관을 난처하게 만들 것임을 알고 있었다. 월러스의 연설은 번스의 반소련 선언과 모순되며 트루먼의 불확실한 지도력을 확인시킬 것이 뻔했다. 그러나 트루먼은 월러스의 연설을 막지 않았다. 월러스의 주장에 대한 트루먼의 지나친 무관심 때문에 그의 진의에 대한 추측이 무성했다. 트루먼의 대통령으로서의 능력에 대한 추가적인 의문도 제기되었다.

월러스의 연설과 사임은 트루먼이 미국을 소련과의 불필요한 전쟁으로 이끌고 있다고 생각하는 자유주의자들의 격분을 샀다. 그러나 트루먼은 유능한 대통령이라면 필요에 따라 거짓말쟁이 혹은 배신자라는 비난을 감수할 수 있어야 한다고 생각했다. 월러스의 연설과 관련하여 거짓말을 했을 때 트루먼은 난관을 벗어나는 길을 이미 마련해 놓고 있었다. 그는 언론에 불만을 털어놓을 기회를 엿보고 있었는지도 모른다. 트루먼은 월러스가 진정으로 원하는 것은 "미군을 해체시키고 소련 정치국 내의 일부 모험주의자들을 신뢰하는 짓"이라고 비난했다. 그가 보기에 월러스는 "빨갱이, 위선자, 무늬만 진보주의자"이며 국가적 위험인물이었다. 월러스가 사임하고 떠나가는 것을 보고 트루먼은 매우 흡족해했다. 트루먼은 그의 모친과 누이에게 "후유, 이제 월러스가 떠나간다. 그래서 괴짜들이 발작하고 있다. 그들이 그러는 것이 기쁘다. 내가 옳음을 그들이 입증하고 있다"12)고 말했다.

12) Alonzo L. Hamby, *Man of the People: A Life of Harry S. Truman*, New York: Oxford University Press, 1995, pp. 352~339 ; Harry S. Truman, *Memoirs of Harry S. Truman*, vol 1, Year of Decisions, New York: Doubleday, 1955, pp. 555~560.

월러스 제거 책략이 성공했다고 해도 그것은 11월 선거에서 민주당에게 전혀 도움이 되지 않았다. 그렇기는커녕 그것은 트루먼의 조심성과 어리석음이 그와 루스벨트를 결정적으로 분리시키고 뉴딜정책을 죽이고 소련과 전쟁의 길을 놓았다고 주장하는 민주당 자유주의자의 감정의 골만 깊게 만들었다. 남부의 민주당 보수주의자들도 공정고용실천위원회(Fair Employment Practices Committee)와 가격관리국을 통해 연방정부의 통제를 지속하려는 대통령과 갈등했다. 그리고 석유 관리를 연방이 아니라 자신들의 통제하에 두려는 남부 주들도 대통령과 소원해졌다.

민주당이 선거를 놓고 낙담하고 있었던 반면 공화당은 1930년 이후 처음으로 의회를 장악할 수 있다는 희망으로 가득했다. 오하이오의 한 하원의원이 묘사한 것처럼 미국은 "주택과 육류 등 소비재 부족, 인플레, 파업, 그리고 국내외에서 공산주의의 위협에 의해 국가적 혼란"에 빠져 있었다. 공화당 전국위원회 위원장은 민주당을 "남부 인종주의자들, 대도시 보스들, 나라를 공산화하려는 급진주의자들"이라고 공격했다. 공화당 후보자들은 부끄럼 없이 민주당 경쟁자를 공산주의자와 연대하거나 혹은 순진하게 소련을 믿는 사람과 동일시했다. 루스벨트가 얄타에서 소련이 동유럽을 장악할 수 있도록 스탈린에게 양보했던 것과 비슷하게 민주당이 지금 그렇게 하고 있다고 그들은 비난했다.[13]

13) Dallek, *Harry S. Truman*, pp. 48~49.

1946년 선거 결과는 민주당과 트루먼의 결정적인 패배였다. 공화당은 하원에서 246대 188로 58석 차로 승리했다. 상원에서는 6석 우위를 점했다. 공화당 신참 의원들 가운데는 위스콘신의 매카시(Joseph McCarthy) 상원의원과 캘리포니아의 닉슨(Richard Nixon) 하원의원이 있었다. 민주당의 보다 적은 수의 신참 의원 가운데는 매사추세츠의 케네디(John F. Kennedy) 하원의원이 있었다.

트루먼은 정치적 이력에서 패배에 익숙한 편이었다. 그래서 나름대로 패배에 대한 철학적 자기변호에도 일가견이 있었다. 트루먼은 미국의 대통령은 위대한 결정의 순간에 매우 외롭다고 믿었다. 트루먼은 대통령이란 직업과 우울은 그림자처럼 함께 한다고 생각했다. 트루먼은 가장 큰 낙담의 순간에 절망과 자기연민에 빠지기도 했다. "나는 감당하기에 너무나 큰 자리에 있다. 도움, 도움, 도움이 필요하다." 대통령직이 수반하는 바를 안다면 결코 대통령이 되길 바라지 않을 것이다. "행정적 부담 말고도 거짓말쟁이와 선동가들로부터 온갖 욕설"을 들어야 하기 때문이다.14)

14) Dallek, *Harry S. Truman*, p. 49.

하지만 트루먼은 성격적으로 회복이 빠르고 옳다고 믿는 바를 위해 싸울 준비가 되어 있는 사람이었다. 아칸소의 풀브라이트(J. William Fulbright) 하원의원이 미시간의 반덴버그(Arthur Vandenberg) 공화당 상원의원을 국무장관으로 임명하고 이후 그를 대통령으로 만들기 위한 준비행위로 대통령이 사임해야 한다고 말하자 트루먼은 풀브라이트를 '반 똑똑이(Halfbright)'라고 일축했다. 그리고 트루먼은 내가 바보든 아니든 "나는 최선을 다할 것이다"라고 말했다.15)

15) Dallek, *Harry S. Truman*, p. 50.

그러나 트루먼은 늘 실패를 딛고 일어선 사람이었다. 트루먼의 우유부단함, 얼버무림, 거짓행위 등은 1946년 선거 패배의 주요한 이유였다. 하지만 트루먼은 그 패배로부터 더욱 단단해지고 대통령으로서 새로운 마음가짐을 갖게 되었다. 트루먼은 모든 사람을 만족시키는 일을 그만두기로 작정했다. 그는 자신이 옳다고 생각하는 것을 다른 사람의 비난을 무릅쓰고 하는 것이 옳은 태도라고 생각했다. 말하자면 트루먼은 1946년 선거 패배를 거울삼아 자신이 옳다고 믿는 바를 소신껏 하기로 결심했다.

# 4장 국가 지도자로서의 트루먼

새로운 세계 질서와 평시 체제 전환

# 새로운 세계 질서와 평시 체제 전환

1946년 민주당의 선거 패배는 트루먼을 각성시켜 국가지도자로서의 생각과 태도를 갖추는 데 도움이 되었다. 트루먼은 어떤 경우든 "정치적 고려 없이 국민의 복지를 위한 것으로 판단되는 일을 할" 작정이라고 자신의 생각을 영부인에게 고백했다. 그것은 그의 진심이었다. 직업정치인은 누구나 자신의 정책이 다른 정치인의 것보다 국가에 더 많이 이바지할 수 있다고 믿기 마련이다. 그러나 다른 측면에서 보면 그러한 생각은 대중적 지지의 획득과 정치적 생존을 의미한다. 트루먼 또한 예외일 수 없었다. 1946년 그가 지지자들에게 말한 것처럼 "대통령은 여론의 지지를 얻지 못하면 희망이 없다." 그런 점에서 그의 고백은 정직하면서도 낭만적인 것이기도 했다.[1]

트루먼은 다음 선거까지 2년의 여유가 있었기 때문에 자신과 민주당이 지지를 회복하는 데 시간이 충분하다고 믿었다. 그렇다고 대중적 지지가 개선되기를 마냥

---

[1] David McCullough, *Truman*, New York: Simon & Schuster, 1992, p. 529 ; Robert J. Donovan, *Conflict and Crisis: The Presidency of Harry S. Truman, 1945~1948*, New York: W. W. Norton, 1977, p. 245.

기다리고 있을 수만은 없었다. 그는 즉각 대다수 미국인의 가치와 이해의 공동의 토대를 찾을 필요가 있었다.

트루먼은 강성 노동조합을 주도적으로 처리하고자 했다. 그는 루이스(John L. Lewis) 전국광산노조위원장에게 크게 실망했다. 트루먼이 보기에 루이스는 거칠고 건방지고 비타협적인 인물로 조합원의 이익을 추구하며 대통령들과 싸워온 것을 자랑스럽게 생각하는 광부들의 대변자였다. 라과디아(Fiorello La Guardia) 뉴욕 주지사와 노동쟁의에 들어갔을 때 루이스는 주지사에게 경멸적으로 말했다. "우리는 대통령으로부터 어떤 물건을 빼앗지 않으며 당신, 주지사에게서도 빼앗지 않는다."2)

트루먼은 루스벨트와 마찬가지로 루이스를 경멸했다. 그들은 루이스가 나라의 필요보다 그의 노동조합의 이익에 더 관심이 있다고 보았다. 1943년 전쟁노력을 해칠 수 있는 탄광파업을 위협했을 때 루스벨트는 백악관에 머물고 있는 중국의 장제스 부인에게 중국정부는 전시에 그런 노동지도자를 어떻게 다루는지 물은 적이 있다. 그녀가 손가락으로 목을 자르는 시늉을 하자 루스벨트는 크게 웃었다. 트루먼은 사적으로 루이스를 '협잡꾼'이며 '개자식'이라고 묘사했다.3)

2) Donovan, *Conflict and Crisis*, p. 240.

3) Donovan, *Conflict and Crisis*, p. 240·242.

대다수 국민들 또한 루이스를 경멸했다. 1946년 5월 갤럽조사에서 미국인 13%만이 그에게 호의적이었으며 69%는 부정적이었다. 1946년이 지나면서 미국인은 파업 관리를 나라의 가장 큰 문제로 보았다. 그리고 여론조사 응답자의 절반 정도가 1년 동안 파업과 공장 폐쇄를 중지하는 법에 찬성했다.

1946년 12월 루이스가 새로운 파업으로 위협하자 트루먼은 루이스와 대결하기로 작정했다. 트루먼은 루이스와의 대화를 거부하고 연합탄광노조의 쟁의를 법정으로 가져가도록 하는 한편 파업금지 명령을 내렸다. 루이스가 법정을 거부하고 작업 중단을 결정하자 트루먼은 그를 모욕적으로 소환하도록 명령했다. 이후 루이스는 대법원의 분쟁 해결에 대한 결정을 기다린다는 명분으로 파업을 취소했다. 그러나 언론과 국민은 그러한 결과를 대통령의 분명한 승리로 보았다. 트루먼은 이제 루이스를 꺾을 용기를 가진 유일한 사람으로 칭송되었다. 트루먼은 "지독한 반역자를 물리쳤다"며 자축했다. 트루먼의 지지율은 13% 껑충 뛰어 35%에서 48%가 되었다.[4]

트루먼에게 연방고용인의 충성심은 무시할 수 없는 매력적인 정치적 이슈였다. 1946년 선거 동안 캐나다인 간첩 일당에 관한 보도가 있자 공화당은 민주당의 급진적 자유주의자와 정부의 친소련 관리들이 미국을 공산주의의 전복에

4) Robert Dallek, *Harry S. Truman, The American Presidents* in eds., Arthur M. Schlesinger, Jr & Sean Wilents, New York: Henry Holt & Company, 2008, p. 52.

취약하게 만들었다고 공격했다. 1946년 여름 대다수 미국인은 소련이 미국에서 간첩활동을 해왔으며 공산당원은 공무원직에서 제외되어야 한다고 확신하게 되었다.

트루먼은 공화당이 지배하는 의회가 공산주의자에 대한 국민적 두려움을 이용하여 민주당을 표적으로 삼고 있다고 생각했다. 제1차 대전 이후의 적색공포나 하원의 비미국적 활동위원회(Un-American Activities Committee)의 패악에 대해 아는 사람이라면 누구라도 반공산주의 공격이 미국의 제도를 유지하기 위한 운동이라기보다는 실제로는 정치적 테러 행위가 되었다는 걱정을 하고 있었다. 1946년 선거전에서 닉슨(Richard Nixon)은 그의 민주당 경쟁자 부어히스(Jerry Voorhis)를 공산주의 동조자로 공격하여 승리했다. 그래서 트루먼은 자유주의자들이 공산주의 동조자 혹은 그것과 연루되었다는 비난에 얼마나 취약할 수 있는지 뼈저리게 알고 있었다.

11월 트루먼은 임시고용인충성위원회(Temporary Commission on Employee Loyalty)를 발족시켰다. 위원회는 현재와 잠재적인 정부고용인의 충성심을 평가하는 절차를 연구하는 임무를 부여받았다. 이 위원회는 국가안보기구만큼이나 트루먼 행정부의 자신감을 무너뜨리고 있는 점증하는 반공산주의 공포를 무디게 할 정치적 장치였다.

1947년 1월 새 의회가 소집되자마자 그것은 자유주의적 개혁을 피하기 위한 수단일 뿐만 아니라 다음 대선에서 반트루먼 선거전을 준비하기 위한 공화당의 출발점이 될 것임이 분명해졌다. 미시시피의 이스트랜드(James O. Eastland) 상원의원과 란킨스(John Rankin) 하원의원 등 남부 민주당 인종주의자와 오하이오의 태프트(Robert Taft), 네브라스카의 웨리(Kenneth Wherry), 캘리포니아의 노우랜드(William Knowland) 등 중서부 및 서부의 보수주의자들이 지배한 공화당 의회는 주로 '비미국적'이고 '비헌법적인' 뉴딜정책을 비난하는 데 힘을 썼다.

특히 웨리는 대다수의 당원들과 마찬가지로 편협한 시각의 상징적 인물이었다. 그들의 세계는 선과 악으로 나누어져 있었다. 그리고 웨리가 동남아시아를 '인디고 차이나(Indigo China)'로 묘사한 데서 그들의 대외문제에 대한 무지는 잘 드러났다.[5] 그들이 보기에 트루먼은 자유주의적 권력 남용을 영구화하고 공산주의자들이 세계를 접수하도록 허락하기 위해 대통령직을 이용한 루스벨트의 상속자일 뿐이었다.

반공산주의는 공화당에게 '만병통치약'이었다. 그러나 그것은 트루먼에게도 출구를 제공했다. 트루먼은 인기 없는 노동조합을 제어하는 한편 연방정부에 대한 공산주의자의

---

[5] Donovan, *Conflict and Crisis*, p. 252.

침투를 막기 위해 보다 강력한 조치를 취해야 한다는 임시 고용인충성위원회의 요구에 따라 연방정부 고용인충성 및 보안프로그램을 설치하라는 행정명령을 내렸다.

클리포드(Clark Clifford) 대통령 고문에 의하면 트루먼은 행정부 내의 공산주의자의 전복 활동 가능성에 대해 전혀 우려하지 않았다. "그것은 정치적 문제였다."[6] 정부 내의 불충성에 대한 외부의 지적은 트루먼을 흠집 내기 위해 조작된 것이었다. 트루먼은 1948년 대선에 나설 예정이었다. 대통령은 공산주의 공포에 근본적인 중요성을 부여하지 않았다. 그러나 그것이 현실적으로 큰 정치적 압박임을 인정해야 했다.

6) Dallek, *Harry S. Truman*, p. 54.

그러나 그렇더라도 고용인충성 프로그램은 확실한 증거에 의해서가 아니라, 그리고 행정명령으로 개념이 정의되지 않은 채 단지 불충성의 '합당한 근거'라고 말한 익명의 공격에 정부 공무원을 노출시키고 말았다. 불충성의 혐의를 받은 연방고용인들은 그들의 고발인들과 대면하거나 고발에 반대되는 증거로 변호할 기회도 제공되지 않았다. 고용인충성 프로그램은 국가안보를 위해 아무것도 한 것이 없었다. 1947년과 1951년 사이 수천 명의 고용인들이 의혹을 받고 사직했으며 212명은 해고되었다. 그러나 기소된 사람은 한 명도 없었고 간첩 증거는 발견조차 되지 않았다.

트루먼은 그러한 결과를 정확히 예견했다. 그러나 아무것도 하지 않는다면 편집병적 의회와 게슈타포와 비교되는 억압적인 연방수사국(FBI)이 권한을 남용할 것으로 트루먼은 우려했다. 그래서 트루먼은 미리 조사기구를 적소에 설치했던 것이다. 그것은 반공산주의 히스테리를 통제하기 위해 트루먼이 그렇게 할 수밖에 없었던 슬픈 정치의 자화상이었다.

트루먼은 국내의 간첩활동과 전복의 두려움에 대한 정치적 압력에 굴복했다. 하지만 그는 노동조합의 권리를 제한하려는 의회의 주도를 순순히 따르지는 않았다. 제80차 의회의 핵심적 이슈는 1935년의 노동관계법(National Labor Relation Act of 1935)의 수정이었다. 그 법은 단체교섭을 정당화하고 법원이 파업금지에 사용하고자 했던 반트러스트(Anti-trustacct)법으로부터 노동조합을 면제시켰다.

오하이오의 태프트(Robert Taft) 상원의원과 뉴저지의 하틀리(Fred Hartley Jr.) 하원의원은 상원과 하원의 노동위원회 의장을 맡고 있었다. 그들의 이름을 딴 법안의 조항은 노동조합의 권리를 심각하게 축소시켰다. 신규 고용인은 노동조합에 속할 것을 요구하는, 클로즈드 숍(closed shop)은 주의 노동법에 의해 금지될 수 있었다. 노동조합원은 공산주의자가 아니라는 진술서에 서명해야 했다. 노동조합은 정치적 기부를 할 수 없었고 계약을 위반할 경우 연방법원에 제소될 수 있었다. 그리고 대통령은 비상시에 파업을 지연시키거나 막기 위해 조치를 취할 수 있었다. 1947년 6월 상원과 하원은 대통령의 거부권에 대항하기에 충분한 표차로 태프트-하틀리법안(Taft-Hartley Act)을 통과시켰다.

트루먼은 노동계와 민주당 자유주의자들로부터 태프트-하틀리법안에 거부권을 행사하여 보수적 의회가 법을 다시 재정하도록 하라는 강력한 압력을 받았다. 트루먼은 태프트-하틀리법안을 나쁜 법안이라고 생각했다. 그의 각료 대다수는 그 법안이 노동조합을 통제하기를 바라는 국민 대다수의 마음을 반영한다는 명분으로 대통령이 서명하도록 압박했다. 그러나 트루먼은 그 법안이 "부담이 크고, 독선적이며, 불필요하며 정당치 못하다"는 이유를 들어 서명을 거부했다. 한 라디오 연설에서 트루먼은 국민에게 그 법안은 "노동에 나쁘고, 경영에 나쁘고, 그리고 나라에도 나쁘다"고 주장했다. 그리고 그는 "우리의 노동자들부터 기본권을 빼앗을 법안은 필요하지 않으며 원하지도 않는다"고 덧붙였다.[7]

7) Dallek, *Harry S. Truman*, p. 56.

트루먼은 대통령으로서의 양심에 따랐다. 그러나 그는 또한 정치꾼이 되는 것을 결코 그만두지 않았다. 말하자면 트루먼은 존경받을 만한 정치인(statesman)이면서 동시에 직업정치인(politician)이었다. 트루먼은 두 가지 측면을 모두 가지고 있었다. 그것이 그가 태프트-하틀리법안에 거부권을 행사한 정확한 설명일 것이다. 그는 그 법안을 노동조합에 대한 지나친 대응으로 간주했다. 그러나 그는 다른 한편으로는 이케스와 월러스와 갈라설 때 그리고 억압적인 고용인충성 프로그램에 그가 동의했을 때 자유주의자들로부터 당했던 타격의 일부를 만회할 기회로 보았다. 보수주의적 남부 민주당과 공화당의 제휴로 의회는 쉽게 대통령의 거부권을 무효로 할 수 있었다. 그러나 트루먼은 노동계와 자유주의자들로부터 새롭게 정치적 지지를 얻을 수 있었다. 그들의 다수는 이제 1948년 대선에서 트루먼을 지지하기로 다짐했다.

트루먼의 인기는 그의 대담한 대외정책 주도로 더욱 높아졌다. 트루먼 독트린은 소련의 팽창주의에 대한 미국의 두려움의 산물이었다. 동유럽을 세력권으로 만든 소련의 공격적인 태도는 1946년 2월 케넌의 '장문의 전문'과 3월 처칠의 '철의 장막' 연설을 유발했다. 터키를 압박하여 흑해해협의 방위를 나누어 가지려는 소련의 움직임은 트루먼으로 하여금 동지중해에 미국 해군의 주둔을 증강시키고 터키의 해로를 순찰하겠다는 소련의 요구를 분명하게 반대하도록 했다. 그것은 근동에서 소련이 영향력 학대를 시도하려는 것에 반대한다는 미국의 훈계성 경고였다. 소련은 터키의 해로를 통제함으로써 중동의 서유럽에 대한 석유 공급을 위협하고 서유럽의 공산당을 쉽게 지원할 수 있는 지형을 만들고자 했다.

케넌의 전문과 터키의 긴장은 국민의 반응을 자극하지 않은 정부 내부의 의견교환 수준이었다. 그러나 처칠의 주장은 미국 내에서 논쟁을 폭발시켰다. 자유주의자들은 처칠의 주장에 반대했다. 여전히 좌파와 자유주의자들은 미국과 소련의 전시협력을 복원하기 위해 루스벨트의 경험에 입각한 화해적 외교에 희망을 걸고 있었다. 그러나 미국인의 대체적인 정서는 소련에 반대하는 쪽으로 기울었다. 미국인 다수는 소련이 세계를 지배하려는 의도를 가지고 있다고 믿었다.

그러나 소련의 팽창을 경계하는 사람들도 그것을 막기 위해 미국이 즉각적인 군사행동을 준비해야 한다고 생각하지는 않았다. 그들에게 더욱 긴급하고 중요한 사안은 국내 공산주의자들이었다. 고용인충성 프로그램과 공산당의 국내정치 참여 금지가 공산주의자들의 위험을 막을 수 있다고 그들은 믿었다. 말하자면 공화당이 지배하는 의회와 다수의 미국인은 유럽 혹은 세계지배를 노리는 것으로 소련의 움직임에 안절부절 했지만 그것에 맞서 미국을 보호하기 위해 자원을 쓸 준비는 되어 있지 않았다.

1946년 여름 그의 주요 보좌관들로부터 소련의 침략 위협과 그리스에서 공산주의자들이 권력을 장악할 위험성이 점차 커지고 있다는 보고를 받기 전까지만 해도 트루먼은 국민에게 소련의 침략 위험성을 말할 생각이 없었다. 1947년 2월 영국은 미국에게 전후 자원의 부족과 지독한 혹한으로 영국경제의 어려움이 가중되어 더 이상 터키에 대한 원조를 지속할 수 없으며 그리스로부터 영국군을 철수시킬 수밖에 없음을 알렸다. 당시 영국은 그리스에서 보수적인 반공산주의 정부를 돕고 있었다. 동지중해로부터의 영국의 철수는 소련이 채울 가능성이 매우 높은 '힘의 공백' 상태를 남길 것이라고 국무부는 대통령에게 보고했다. 국무부 관리들은 그것이 이탈리아와 프랑스에서 공산주의의 확대 및 소련의 유럽 통제의 서곡이 될 수 있다고 믿었다.

트루먼에게 설득력 있는 증거가 필요치 않았다. 문제는 의회와 미국인을 어떻게 설득할 것인가에 있었다. 즉, 미국을 또다시 유럽의 방위와 연루시키는 것이 미국의 국가이익을 보호하는 길이라는 점을 어떻게 의회와 국민에게 납득시키느냐가 문제였다. 트루먼은 각별히 소련의 위협이 추상적인 것이 아니며 그리스와 터키에 대한 금융적 물질적 지원이 공산주의자들의 공세를 무디게 하는 요체임을 미국인에게 확신시켜야 했다.

  2월 27일 트루먼은 의회지도자들과 백악관 회합에서 마셜 국무장관에게 그리스와 터키에 대한 원조를 설명하도록 했다. 마셜은 중국에서 휴전 협상을 시도했지만 실패했다. 중국의 계속되는 내전은 공산당의 권력 장악을 위협했다. 그러나 그는 중재 노력의 실패에도 불구하고 명예에 큰 손상을 입지 않았다. 제2차 대전에서 연합군 승리의 주역으로서 그의 위치는 의회에서도 예외적인 영향력을 가졌다. 비당파적 애국자로서 그는 그리스와 터키에 대한 원조를 의회지도자들에게 설명할 적임자였다.

  의원들은 마셜의 설명에 경의를 표했다. 그러나 마셜의 사실적 진술로는 비용이 많이 드는 공약에 대한 의원들의 즉각적인 공감을 얻어 내기에 역부족이었다. 보다 감동적이고 설득력 있는 호소가 필요했다. 애치슨 국무차관이 마셜을 이어 의원들에게 당면한 위협과 미국의 적극적인 대응이 절실함을 위협적으로 설명했다. 그의 설명 요지는 미국이 터키와 그리스에 원조를 제공하지 않으면 소련과 공산주의가 중동, 아시아, 유럽으로 세력을 확대함으로써 미국의 안보를 위협할 것이라는 점이었다. 애치슨의 주장에 의원들은 동요했다. 특히 최근 고립주의자로부터 국제주의로 입장을 바꾼 미시간의 반덴버그 상원의원은 대통령이 직접 상하합동회의에 나와 호소한다면 자신은 지지할 용의가 있으며 다른 의원들도 동참할 것임을 확신한다고 밝혔다. 반덴버그는 대통령이 대외원조에 추가적인 자금을 사용하는 데 대한 의회의 반대를 극복하는 것이 공산주의 위험에 대한 강력한 경고가 될 수 있음을 예리하게 이해하고 있었다.

트루먼은 그리스와 터키에 대한 원조 요청이 단순히 추가적인 해외 지출이 아니라 미국이 낡은 고립주의에서 벗어나 새로운 국제주의로 향하는 극적인 조치이며 해외에 대한 미국의 지속적인 공약을 입증하는 중요한 의미임을 잘 알고 있었다. 그렇다고 세계의 모든 곳에 금융적·군사적 지원을 할 수 있을 만큼 미국의 자원이 무한정이지는 않았다. 중국에서 내전이 결렬하게 전개되고 있었지만 트루먼은 장제스의 부패한 정부를 끝까지 도울 생각이 없었다. 아시아에서 공산군을 상대로 육전을 치르는 것은 부족한 미국의 자원을 지각없이 지출한다는 인상을 줄 것이 뻔했다. 그리고 의회도 국민도 공산주의 팽창의 약화를 지지했지만 중국에서 싸울 준비가 되어 있지 않았다.

1947년 3월 12일 의회 연설에서 트루먼은 터키와 그리스의 위기를 단순히 지역적 위기가 아니라 자유주의와 전체주의 사이의 보다 큰 경쟁의 일부로 규정했다. 자유민에게 강요된 전체주의 정권은 직접적 혹은 간접적 침략으로 국제 평화의 토대와 나아가 미국의 안보를 위협한다고 트루먼은 주장했다. 그는 "무장 소수집단에 의한 혹은 외부의 압력에 의한 전복 시도에 저항하는 자유민을 지원하는 것이 미국의 정책이어야 한다"고 선언했다.8)

8) 김정배, 『미국과 냉전의 기원: 공존과 지배의 전략』, 혜안, 2001, 131~171쪽.

1947년 3월 12일 의회에서 '트루먼 독트린'을 선언하는 트루먼

트루먼의 그리스와 터키에 대한 4백만 달러 지원요청은 일반적인 찬성을 얻지 못했다. 그의 호소는 의회에서 민감한 반응을 일으켰지만 여론조사 결과 국민의 56%만이 미국

이 그리스를 돕는 데 찬성했다. 미국인의 약 2/3는 근동의 위기에 대해 미국이 아닌 유엔이 책임을 져야 한다고 생각했다.

언론인 리프먼은 제한적 원조계획을 지지했다. 그러나 무제한적인 '이데올로기적 성전'의 경보처럼 울리는 애매한 세계정책에는 반대했다. 트루먼은 그리스와 터키에 대한 원조를 '두 개의 생활방식' 사이의 이념 투쟁이라는 맥락에서 표명했다. 트루먼의 호소는 그리스와 터키 원조라는 즉각적인 목적을 달성할 수 있었다. 그러나 그것은 시간이 지나면서 미국의 대외정책을 극단적으로 단순화된 냉전의 틀 속에 가두어버리는 결과를 초래했으며 다양한 이해관계를 가지고 있는 국제공산주의에 대한 유연한 정책 혹은 데탕트를 추구하는 것을 어렵게 만들었다.9)

9) Melvyn Leffler, *A Preponderance of Power: National Security, the Truman Administration, and the Cold War*, California: Stanford University Press, 1992, pp. 121~147.

6월 마셜 국무장관은 유럽에 대한 공약의 범위를 확대할 것임을 천명했다. 그는 하버드대학 졸업식 연설에서 모든 유럽 국가들의 파괴된 경제를 재건하기 위한 계획을 제안했다. 유럽부흥계획(European Recovery Program)은 미국이 무조건적인 금융 원조를 제공하는 것이 아니라 유럽 국가들이 전쟁으로 입은 피해와 재건에 필요한 자금을 산정하여 미국에게 자금을 요청하는 방식이었다. 그래서 미국의 자금을 이용하기 위해 유럽적 범위의 협력이 요구되었다. 소련과 동유럽 국가들 또한 배제하지 않고 일단 초청되었다. 마셜이 하버드연설에서 말한 것처럼 미국의 정책은 "어떤 나라 혹은 원리에 반대하는 것이 아니라, 굶주림, 빈곤, 절망과 혼란에 대항하는 것"이었다. 그 목적은 자유 제도의 생존을 촉진할 세계적 범위의 효과적인 경제의 부활이 되어야 했다. 만약 공산주의 블록 국가들이 계획에 참여하지 않는다면 유럽 분단의 책임은 그들에게 떨어질 것이었다.

의회를 설득하는 일은 만만치 않았다. 전후 원조로 이미 약 60억 달러가 제공되었으나 유럽의 필요를 감당하기에는 역부족이었다. 그러나 의회는 그것보다 훨씬 더 많은 돈이 왜 필요한지 그리고 어떤 결과를 낳을지 알고 싶어 했다. 마셜 플랜은 미국이 무한정적인 부담을 맡는 것이 아니라 유럽의 자립을 이끌 준비를 지원하기 위한 것이었다. 그리고 4년간 약 165억 달러의 비용이 들 것으로 예상되었다. 그러므로 그것은 단순한 원조가 아니라 유럽과 미국의 무역 확대를 위한 것이기도 했다. 회복된 유럽은 미국 상품을 충분히 구매할 것이기 때문이었다. 그러한 점은 그리스와 터키의 원조와는 달리 의회와 국민에게 상당한 설득력을 제공했다. 마셜 플랜은 유럽과 미국의 번영을 촉진함과 동시에 소련과 공산주의가 유럽으로 확대되는 것을 막기 위한 매우 현실적인 계획이었다.

마셜 플랜은 제안되자마자 작동하기 시작했다. 소련과 동유럽 국가들은 처음에는 협력의 자세를 취했다가 나중에는 참가를 거부했다. 그들은 그 제안이 공산주의 국가들의 내정에 간섭하기 위한 책략이라고 불평했다. 그러나 유럽 분단을 심화시킨 책임은 결국 소련에게 넘겨졌다. 소련이 처음에 마셜 플랜에 기대를 걸고 있었는지는 분명치 않다. 그러나 소련이 참가하기 어렵게 된 일차적 이유는 미국이 그렇게 되도록 장치를 마련했기 때문이다. 케넌과 정책기획실은 애초부터 '서유럽'의 경제부흥을 준비했지 소련과 동유럽을 포함시킬 생각이 없었다. 소련과 동유럽은 참가조건으로 자신들의 경제적 상황을 상세히 조사해 보고해야 했다. 그것은 소련으로서는 견딜 수 없는 모욕이었다. 더구나 트루먼 독트린의 강경한 입장과 마셜 플랜의 온건한 입장은 앞뒤가 맞지 않았다. 그러므로 소련과 동유럽의 초청은 유럽분단의 책임을 전가하기 위한 일종의 술수였다. 마셜 플랜은 우여곡절 끝에 130억 달러 규모로 서유럽 부흥계획으로 확정되었다.[10]

10) 김정배, 『미국과 냉전의 기원: 공존과 지배의 전략』, 173~233쪽.

트루먼은 미래의 국제적 분쟁을 다루기 위한 현대적 국가안보기구를 수립하는 것이 매우 중요하다고 생각했다. 제2차 대전 동안 육군부와 해군부의 일을 조정하고 통합하는 과정에서 갈등이 있었는데, 그것은 미래를 위한 교훈이 되었다. 게다가 공군의 중요성이 더욱 부각되면서 비록 항공모함이 해군의 중요한 일부로 남을 것이지만 육군이나 해군에 부속되지 않는 별도의 공군이 요구되었다. 그리고 외교와 국방 정책을 조율할 수 있는 기구와 진주만에서 당한 그런 종류의 기습 공격을 피할 수 있는 독립적 정보부서가 마땅히 필요했다.

1947년 여름, 국민은 보다 잘 준비되고 효과적인 방위부서의 설립을 지지했다. 그것은 소련과 치를 것으로 예상되는 또 다른 전쟁에 대한 공포심이 작용한 탓이었다.

국가의 방위기구를 개선하려는 싸움은 트루먼이 처음 개혁을 제안한 1945년 12월부터 의회가 국가안보법(National Security Acy)을 통과시킨 1947년 7월까지 트루먼을 귀찮게 따라다녔다. 그 법은 해묵은 육군부와 해군부의 갈등, 그리고 군부와 백악관 사이의 관료주의적 대립과 타협의 산물이었다. 트루먼은 단일 민간인 장관 밑에 육군부, 해군부, 공군부를 통합한 국방성을 두고자 했다. 그리고 민간인 국방장관이 3개의 군부로 이루어진 국방성을 감독하도록 했다. 통합군 개념을 가장 강력히 반대한 해군의 입장을 반영하여 국방장관은 단지 3군부서의 조정자 역할을 할 수 있었다. 국방성의 그러한 조정은 사실상 매우 비효율적이었다. 초대 국방장관은 포레스털(James Forrestal) 전 해군장관이 맡았다. 그러나 곧 전 육군부 차관보이며 영향력 있는 민주당 기금조달자 루이스 존슨(Louis Johnson)으로 교체되었다.

국가안보위원회(National Security Council)와 중앙정보국(Central Intelligence Agency) 또한 국가안보법에 따라 설치되었다. 두 기관의 수장은 전직 혹은 현역 군인도 맡을 수 있었다. 이들 부서는 정책결정의 권한이 없으며 그 기능은 대통령을 위해 엄격히 제한되었다.

1947년 가을까지 트루먼은 자신이 전쟁과 평화 사이를 오가는 '뒤죽박죽의 세계'에서 항해하고 있다고 느꼈다. 그는 전쟁만은 절대로 일어나서는 안 된다고 생각했다. 그러나 의회는 트루먼을 사사건건 물고 늘어졌다. 그런데도 그는 최선을 다해 계획을 밀고나가야 한다고 결심했다.

1947년 트루먼이 직면한 까다로운 문제 가운데 하나는 중동의 긴장이었다. 팔레스타인 유대인의 시온주의(Zionism) 압력이 문제를 심각하게 만들고 있었다. 트루먼은 대통령이 되기 전부터 중동의 분쟁에 대해 상당 부분 알고 있었다. 그곳은 트루먼이 성경의 초기 기록에 대한 남다른 독서 때문에 늘 관심의 대상이 된 지역이었다. 그러나 트루먼에게 팔레스타인은 단지 성경적 일부로서만 관심의 대상이었던 것은 아니다. 그 지역의 전체 역사는 세계의 다른 어느 곳보다 복잡하고 흥미로우며 늘 골치 아픈 것이었다. 그래서 트루먼은 그 지역에 대해 각별히 관심을 두고 있었다.

트루먼은 3년간의 백악관 생활에서 중동 그리고 그 지역의 주요 행위자들—아랍, 영국, 그리고 유대인—이 분쟁만 하는 것으로 생각했다. 그래서 홀로코스트로 전례 없는 고통을 당하고 유럽에서 추방된 유대인에게 팔레스타인의 땅을 제공하는 것에 대해 처음부터 공개적으로 공감을 표시했다. 그렇다고 그러한 공감이 아랍의 적대감을 무장해제하는 것으로 바뀌지는 않았다. 1917년 영국은 국제연맹의 위임통치의 이름으로 팔레스타인에 대한 책임을 맡았다. 국무부는 아랍의 불만을 자극할 수 있는 정책이 소련의 영향력을 확대하고 유럽의 석유이권을 위태롭게 만들 것이라는 이유로 반대했다. 트루먼은 국무부, 시온주의자, 그리고 아랍 국가들로부터 압박을 받는 처지에 놓였다. 1946년 10월 트루먼은 "근동에서 유대인과 아랍의 상황이 ······유럽에서의 어떤 다른 문제보다 더 어렵다"고 불평했다.11)

11) Dallek, *Harry S. Truman*, p. 64.

트루먼이 직면한 어려움에도 불구하고 홀로코스트 이후 추방당한 유대인 생존자를 돕자는 호소는 미국인 다수에게 도덕적 감성을 자극했고 저항할 수 없는 명령이 되었다. 물론 트루먼은 1948년 대선 출마를 고려하고 있었고 특히 뉴욕에서 유대인의 지지를 받아야 했다. 그렇지 않으면 그곳에서 공화당의 후보가 될 게 분명한 듀이(Thomas E. Dewey)에게 패할 수 있었다. 팔레스타인 문제를 결정하는 데 그러한 국내정치적 고려가 상당히 작용했다. 그러나 비록 성공하지는 못했지만 중동의 딜레마에 대한 해결책을 찾기 위한 트루먼의 노력은 훨씬 이전부터 진행되었다.

트루먼은 '정의'가 유대인의 처지에 대한 효과적인 대응을 요구한다고 믿었다. 그러나 그는 수십만의 유대인 난민을 유럽에서 팔레스타인으로 수송하는 데 도움을 달라는 유대계 미국인의 지나친 압력에는 불만을 가졌다. 트루먼의 인도주의는 유대인 자체에 대해서는 별로 따뜻하지 않은 듯했다. 그는 각료회의에서 "예수께서 지상에 계실 때 유대인을 달가워할 수 없었다. 그런데 내가 어떻게 할 수 있겠는가?"라고 불만을 터트렸다. 트루먼은 국무부의 부정적 의견에는 동의하지 않았지만 아랍 석유에 대한 접근을 잃을 수 없다는 포레스털의 경고를 받아들여 1946년 가을 팔레스타인을 아랍과 유대 국가로 분할하는 것을 공식적으로 지지했다. 트루먼은 석유가 자신이 '옳은 일'을 하는 것을 방해해서는 안 된다고 생각했지만 석유는 인도주의보다 중요했다.[12]

12) Dallek, *Harry S. Truman*, pp. 64-65.

한편 영국은 아랍과 유대인의 이견을 조

정할 능력이 없음을 절감하고 팔레스타인의 미래를 결정하는 책임을 유엔에 떠넘기고자 했다. 유엔 위원회가 아랍과 유대의 요구에 대한 가장 적절한 대응으로 분할을 승인하자, 트루먼은 아랍에 대한 미국의 영향력을 소련에게 빼앗겨서는 안 된다는 국무부 관리들의 계속된 반대에도 불구하고 자신의 입장을 다시 확인했다. 트루먼은 또한 네게브 사막(Negev Desert)의 아랍 지배를 선호하는 국무부의 압력을 물리쳤다. 유엔 위원회는 그곳을 이스라엘에 주고자 했다. 와이즈만(Chaim Weizmann) 세계시온주의기구의 회장은 트루먼과의 사적 회담에서 아랍이 네게브사막을 지배하면 그곳은 황무지로 남겠지만 유대인이 그곳을 갖게 되면 사막을 꽃밭으로 만들 것이라고 대통령을 설득시켰다.

1947년 11월 29일 유엔총회는 팔레스타인의 분할계획을 찬성 표결했다. 그것은 유대인 국가의 지지자들을 고무시키는 한편, 아랍 국가 지지자들을 격분시켰다. 그 결정은 아랍과 유대인 사이에 새로운 폭력을 불러일으켰다. 1948년 5월 분할이 확정되면 그 지역에서 군대를 철수시킬 것이라는 영국의 선언이 있자 분할 이후 폭력에 대비하여 유엔에서 다국적군에 대한 논의가 시작되었다.

유대인의 어려운 처지에 대한 정당한 해결책을 개진하는 문제는 미국 내의 인종문제에 대한 도덕적 딜레마와 충돌했다. 혹독하게 학대받은 소수민족, 특히 아프리카계 미국인 문제는 방치 또는 외면하면서 유대인 문제에 대해서는 인도주의 운운하는 것은 모양이 좋지 않았다. 남부에서 인종차별과 분리의 긴 역사는 자유와 민주주의의 수호자로서 세계에 자신을 선전하는 미국에게 당혹스런 장애물이었으며 적어도 법 아래 동등한 대우라는 헌법적 공약의 총체적 위반이었다. 빈번한 폭력적인 사적 제재와 투표권의 체계적 배제, 그리고 직업 차별은 국가의 안정을 해치는 긴장의 주요한 원천이었다.

남부의 보수적인 의원들은 상하원을 모두 지배하면서 핵심 위원회에서 막강한 영향력을 행사했다. 그런 의회에서 소수파가 어떤 입법을 주도하는 것은 사실상 불가능했다. 그래서 트루먼은 행정명령을 사용하여 위기에 맞섰다. 1946년 12월 그는 제거할 수는 없을지라도 인종차별을 줄이고 아프리카계 미국인에게 미국 생활의 모든 면에서 보다 넓은 기회균등을 보장하기 위한 수단을 제안하는 기구로서 민권위원회(Committee on Civil Rights)를 설치했다.

민권을 신속히 그리고 확실히 담보하는 것은 어려운 문제였다. 이 점을 유념한 트루먼은 대통령이 민권을 지지하는 어떤 상징적인 표시를 민권 지지자들에게 제공하고자 힘썼다. 1947년 6월 30일 트루먼은 링컨 기념관에서 개최된 전국유색인종진협회(NAACP) 집회에서 민권위원회는 인종차별의 죄악을 고치기 위한 프로그램을 개발할 것임을 맹세했다. 오늘날 민권 확대의 의미는 "정부를 반대하는 국민을 보호하는 것이 아니라 정부에 의한 국민의 보호"라고 그는 선언했다. 트루먼은 사적으로 와이트(Walter White) 유색인증진전국협회 회장에게 장차 자신이 말한 내용을 구체화해나갈 것이라고 약속했다.

10월 트루먼의 민권위원회는 「민권 보호를 위해(To Secure These Rights)」라는 이름의 보고서에서 법 아래 흑인의 평등한 대우를 분명하게 요구했다. 그것은 흑인들을 위한 연방 차원의 반린치법을 주장했다. 그것은 미군의 인종통합뿐만 아니라 인두세, 흑인의 투표에 대한 다른 장애물들의 폐지, 모든 대중교통에서 인종차별의 중지를 위한 연방정부의 행동을 권고했다. 트루먼은 민권위원회의 보고서에 대해 공식 성명을 내놓았다. 그리고 그는 보좌관들에게 민권위원회의 권고에 따라 행동할 것을 요청하는 의회메시지를 준비하도록 했다.

트루먼은 민주당 내의 보수주의와 자유주의 분파의 경쟁 사이에서 괴로운 선택을 할 수밖에 없었다. 그는 어느 분파를 지지한 것이 아니라 국익이라고 믿는 정책을 선택하고 그것을 지지하는 분파의 손을 들어주었다. 민권의 경우도 그러했다. 민권에 대한 지지가 정치적 자살이 될 수 있다는 민주당 지도자들의 경고에도 불구하고 트루먼은 어떻게든 계속 민권을 지지했다. 물론 정치와 1948년 대선은 그의 마음을 차지하는 중요한 일부였다. 그렇지만 트루먼은 당파적 혹은 어떤 특정한 이익보다는 전체 나라를 위해 궁극적으로 좋은 것이 또한 자신에게 최고의 정치적 이익이 된다는 신조에 따랐다.

## 5장 온갖 역경을 이겨낸 트루먼

### 1948년 대선 승리

## 1948년 대선 승리

트루먼은 대통령직의 부담에 대해 자주 불평했다. 그러나 그는 어쩌면 대통령직에 딱 맞는 대통령이었는지 모른다. 정치꾼이면서 정치인이었으며, 인도주의자이면서 현실주의자였고, 그리고 무엇보다 국가이익이 자신의 정치적 이익이며 자신이 누구보다 국가의 안녕에 잘 이바지할 수 있다고 트루먼은 믿었다. 그래서 대통령직의 부담은 의무감으로 승화되었다.

트루먼을 낮추어보는 사람들은 그를 '거짓말쟁이' 혹은 '선동정치가'로 매도했다. 그러나 그는 정직한 사람이었으며 책임을 맡는 것을 즐겼다. 그는 반대자를 물리치는 일을 결코 포기하는 사람이 아니었다. 트루먼은 그에게 너무 커 보이는 과업을 감당할 수 있음을 입증하고 싶어 했다. 그러한 트루먼의 성격과 정치적 감각의 미덕은 1947년에 이미 입증되었으며 1948년 선거 승리 이후 자신감과 사명감은 더욱 커졌다.

1948년이 시작되자 트루먼의 도전은 선거 승리의 정치전략을 짜는 것이었다. 1946년은 시련의 해였지만 1947년은 행운의 해였다. 마셜의 국무장관 임명과 그리스와 터키 원조, 그리고 유럽경제부흥 계획은 공화당이 지배하는 의회의 실책에 힘입어 트루먼 대통령의 인기를 크게 높여주었다. 국민은 트루먼의 대외정책을 적극 지지한 반면 의회에 대해서는 실망감을 감추지 않았다. 1947년 3월 갤럽조사의 응답자 60%가 대통령의 직무수행 방식에 지지를 보냈고 그러한 지지는 그해 마지막까지 유지되었다.

1948년 대선 전략을 설계하는 데 트루먼이 크게 의존한 것은 클리포드(Clark Clifford) 대통령 특별보좌관과 로우(James Rowe) 전 루스벨트의 보좌관이 1947년 11월에 작성한 문서였다. 그것은 뉴딜정책의 토대에 대한 강력한 호소만이 1948년 선거에서 트루먼을 승리로 이끌 것이라 결론지었다. 문제가 될 수 있는 남부는 재건 이후 일관되게 민주당 대통령 후보에게 투표했으며 대통령의 강력한 반소련 행동을 뜨겁게 지지하기 때문에 크게 염려하지 않아도 된다는 것이 클리포드와 로우의 판단이었다. "늘 그렇듯이 남부는 민주당에게 안전한 지역으로 생각할 수 있다." 그래서 국가정책을 만들 때 "그곳을 거의 무시해도" 되었다.[1]

클리포드와 로우가 보기에 오히려 문제는 대통령에게 미

[1] Clark Clifford, *Counsel to the President*, New York: Random House, 1991, pp. 189~194.

온적인 좌파와 자유주의자들의 위협이었다. 좌파는 트루먼이 뉴딜정책을 확대하지 않을 것으로 간주했으며 월러스의 해임 그리고 소련과 우호적인 전시 협력관계를 트루먼이 지속하지 않은 일로 불만을 갖고 있었다. 자유주의자들은 다른 후보를 찾을 가능성이 점점 커진 듯했다. 그리고 만약 그것이 실패하여 동맹파업을 벌인다면 11월 선거에서 트루먼의 승리는 장담할 수 없었다. 자유주의자들은 수적으로 많지 않았지만 사회적으로 가장 유기적인 존재이며 수백만의 미국인에게 영향력을 행사할 수 있었다.

클리포드와 로우는 또한 인플레를 잡고 주택 부족을 완화함으로써 중산층에게뿐만 아니라 서부의 농민들과 뉴욕, 일리노이, 오하이오, 미시간과 같은 주들의 주요 도시들에서 아프리카계 미국인들과 손잡을 것을 강조했다.

그리고 그들은 월러스가 제3당의 후보로 나설 것임을 예견했다. 1947년 12월 29일 그는 출마를 선언했다. 월러스는 다가오는 선거에서 당 조직이 취약했기 때문에 마치 복음주의적 사명감을 부추기듯이 비실제적이고 이상주의적인 주장을 했다. 그는 자신의 추종자들이 수적으로 적지만 강력한 확신을 가지고 행동할 준비가 되어 있는 용사로 묘사하고 신의 은총으로 보통사람의 세기를 알리게 될 것이라고 예언했다.

클리포드와 로우는 월러스를 괴짜 정도로 간주했지만 그가 이상주의자들의 마음을 움직일 수 있다는 점을 우려했다. 그래서 중요한 공격 지점은 자유주의자들에 대한 월러스의 매력을 약화시키는 것이었다. 그것을 위해 트루먼은 보수주의 공화당 의회와 싸우는 것으로 전선을 확고히 함으로써 현직 권력의 이점을 십분 활용하고자 했다. 따라서 대통령의 개혁 주도 선언이 필요했다.

트루먼은 1948년 1월 12일 연두교서를 자신의 대통령 선거운동의 시작을 알리는 기회로 이용했다. 그는 자유주의자들과 광범위한 중산층에게 적합한 태도를 취했다. 빈자의 감세, 최소임금의 평균 35%(75%까지) 인상, 주택공급을 확대하기 위한 연방지출, 농부를 위한 인상가격 지원, 공교육을 위한 보다 많은 지출, 국민건강보험 프로그램 등이 그것이었다. 트루먼은 공화당이 마셜 플랜의 후한 자금을 제외하고 자신이 요청한 자금을 쉽게 내줄 것이라는 환상을 갖고 있지 않았다. 그래서 트루먼은 자신의 메시지가 뉴딜 정책의 확대를 위한 실질적인 설계라기보다는 다가오는 선거전을 무장하기 위한 호소라는 데 공감했다.

루스벨트의 유산을 계승하려는 트루먼의 다시 불붙은 열정에서 자유주의자들이 매력을 발견한다고 해도 대통령이 그들의 대의를 다시 수용할 것이라고 설득하기에는 충분치 않았다.

트루먼이 연두교서 말미에서 언급한 의회에 보낸 민권 관련 특별메시지의 약속은 또 하나의 문제였다. 아프리카계 미국인의 법 앞의 동등한 보호를 위한 연방정부의 행동만큼 자유주의자들과 남부 민주당 사이에 큰 분열을 불러일으킨 이슈는 없었다. 린치 행위, 투표권 거부, 그리고 남부 전역에서 인종주의를 강제하기 위한 주와 지역 경찰당국의 사용은 대다수 미국인의 감정을 상하게 만들었으며 자유주의자들을 격분시켰다. 그들은 전 세계 유색인은 법의 지배와 기회균등에 대한 미국의 전통적인 약속의 근본적인 허구성을 보았다.

2월 2일 트루먼은 의회에 포괄적인 민권법의 입법을 요청함으로써 약속을 이행했다. 그것은 전례 없는 대통령의 요청이었다. 그는 반린치법을 주장했다. 남부 7개 주에서 흑인이 투표를 거부하게 만드는 투표세의 폐지, 투표권의 확대, 공정고용실천위원회의 항구적 운영, 그리고 주간 교통시설에서 인종차별의 종식을 주장했다. 트루먼은 또한 연방정부와 군대에서 인종차별을 종식시키라는 행정명령을 내릴 것임을 약속했다.

군대는 아프리카계 미국인의 기회균등과 권리에 대한 국가적 무관심이 특히 심한 곳이었다. 육군에 등록된 사람의

11%가 흑인이었지만 단지 한 사람의 흑인 대령만이 있었다. 그는 군의 흑인들 가운데 가장 높은 계급이었다. 공군과 해군의 경우도 마찬가지였다. 흑인 장교들은 눈에 드러날 만큼 적었다. 해군은 내전을 피했던 남부의 농장과 유사했다. 흑인은 갑판을 걸레질하고, 신발을 닦고, 요리를 하고, 접시를 닦고, 음식을 날랐다. 실제로 다른 일은 그들에게 개방되지 않았다.

트루먼은 자신의 메시지가 남부 전역에서 부정적인, 심지어는 분노에 찬 반응을 보일 것이라는 점을 이해했다. 그러나 그는 격렬한 반응에 흔들렸다. 사우스캘리포니아의 더먼드(Strom Thurmond) 주지사가 이끄는 남부 정치인들은 언론에 민주당은 더 이상 그의 지역을 고려할 수 없다고 말했다. 미시시피의 하원의장은 트루먼의 메시지를 저주받은 공산주의적, 비헌법적, 반미국적, 반남부적 법안이라고 말했다. 격앙된 말들이 남부 전역에서 방송되었으며 대통령과 그의 제안에 연루된 사람들에 대한 독설로 가득한 서한이 백악관에 쇄도했다.

트루먼은 법 앞의 평등을 주장했을 때 그가 말한 바를 실천할 작정이었다. 그는 남부에 뿌리를 둔 사람이었고 그의 조상은 남부연합의 대의에 공감했으며 인종 문제에서 남부의 관행을 반영했다. 그런데도 그는 남부에서 흑인이

혹사당하는 데 몹시 마음이 상했다. 특히 트루먼을 격분시킨 것은 지역 당국이 흑인 제대군인을 때려 불구로 만드는 등 군중 폭력에 눈을 감고 있다는 사실이었다. 고향의 한 친구가 트루먼에게 남부 백인을 자극하지 않도록 조심할 것을 조언하자 그는 "집단 갱단이 4명의 사람을 끌어내어 등 뒤에서 쏠 수 있고, 모두가 누가 총을 쏘았는지 아는데, 그것에 대해 아무런 조치가 없다면, 그 나라는 법 집행의 관점에서 볼 때 매우 나쁜 상태에 빠져 있다"[2]고 응수했다.

2) Robert Dallek, *Harry S. Truman, The American Presidents* in eds., Arthur M. Schlesinger, Jr & Sean Wilents, New York: Henry Holt & Company, 2008, p. 72.

그러나 트루먼의 제안에 대한 남부의 적대적 반응은 그를 괴롭혔고 그래서 그는 의회에 포괄적인 민권법을 보내는 것을 미루었다. 남부의 영향력 있는 민주당원과 보수주의적 공화당원의 결합이 의회가 어떻게든 대통령의 요청을 받아들이지 않을 것임을 들어 트루먼은 자신이 법안을 제출하지 않는 것을 합리화했다. 그러나 군대의 인종차별 폐지에 대해 트루먼이 행정적 조치를 취하지 않은 것은 자유주의자들의 의심에 다시 불을 지폈다.

1948년 전반기에 트루먼이 고심한 것은 국내의 긴장과 재선만이 아니었다. 유럽과 아시아에서 공산주의의 도전이 미국의 동맹을 위협하고 소련과의 전쟁 가능성에 대한 공포감을 불러일으켰기 때문이다.

트루먼이 트루먼 독트린과 마셜 플랜을 선언한 이후 소련은 미국이 동유럽과 중앙유럽, 그리고 서유럽에서 그들의 영향력에 도전하기 시작한 것으로 보았다. 이에 대한 대응으로 스탈린은 폴란드, 헝가리, 그리고 불가리아에 대한 통제를 강화했다. 그들은 정부로부터 비공산주의자들을 숙청하고 그들 중 일부를 추방했다. 그들이 처형이나 수감을 피한 것은 그나마 다행스런 일이었다.

체코슬로바키아와 독일은 소련의 가장 큰 고민거리였다. 2월과 3월 선거로 출범한 프라하 정부의 친서방 베네스(Edward Benes) 대통령이 사임했다. 그리고 서방과 민주주의의 또 다른 친구 마사리크(Jan Masaryk) 외무장관은 자신의 고층 집무실에서 뛰어내려 자살했다고 보도되었다.

소련은 미국, 영국, 그리고 프랑스가 그들의 점령 지대들을 합쳐 서독을 수립하려는 움직임에 촉각을 세웠다. 이와 관련하여 2월 23일부터 3월 6일까지 런던에서 미국과 서유럽 관리들 사이에 회의가 열렸다. 다시 한 번 중앙유럽에서 경제적·군사적 강국이 될 잠재력을 가진 독일의 부활은 소련의 지도자들에게 큰 두려움의 대상이었다. 소련의 입장에서 걱정스러운 것은 3월 17일 영국, 프랑스, 벨기에, 네덜란드, 룩셈부르크 등의 50년 상호방위 선언이었다. 브루셀조약(Brussels Pact)으로 알려진 이 방위조약을 소련은 방어 목적이 아니라 동유럽의 공산주의 국가들을 겨냥한 공격적 동맹으로 보았다.

  3월 17일 브루셀조약의 소식이 전해지자 트루먼은 상하 합동의회에 나아가 공산주의자들이 체코슬로바키아의 민주주의를 파괴했다고 비난하고 소련의 도전에 대응하는 미국의 결의를 강조했다. 그리고 트루먼은 마셜 플랜에 대한 충분한 자금과 일반군사훈련법(Universal Military Training)의 재정, 그리고 징집의 부활을 의회에 요청했다. 트루먼 연설의 주요 목적이 선거에 있었던 것은 분명 아니었지만 그의 수사는 잠재적 유권자들에게 그의 입지를 제고하도록 계산된 것이었다.

  트루먼과 그의 선거 참모들이 보기에 다가오는 대선에서 강력한 반공산주의 노선이 상당한 도움이 될 것임이 분명했다. 트루먼은 냉전적 수사를 더욱 효과적으로 사용하고자 했다. 그는 헌신적인 미국만이 세계적 범위의 공산주의와 민주주의 사이의 투쟁을 승리로 이끌 수 있다고 주장했다. 무신론자들의 동유럽과 기독교사회 서유럽 사이의 전쟁에서 미국이 중요한 역할을 하고 있기 때문에 자신이 요청한 법안을 통과시키라고 의회를 압박했다. 뿐만 아니라 그는 민주당 좌파를 겨냥해 전제와 자유의 투쟁에서 '월러스와 그의 공산주의자들'에게 민주당이 내줄 자리는 없다

고 잘라 말했다. 트루먼은 냉전적 이데올로기를 내외부의 적들을 공격하는 데 이용했던 것이다.3)

3) Dallek, *Harry S. Truman*, p. 74.

대통령의 주장은 동-서간의 긴장을 심화시켰다. 실제로 긴장완화의 가능성이 완전히 없어진 것은 아니지만 이제 양측이 서로 신뢰할 수 있는 어떤 희망도 사라져 버렸다. 적이 이익을 얻는 것을 막기 위한 한쪽의 방어적 행동을 다른 쪽은 자신에 대한 공격 행위로 간주했다. 그러한 불신과 폭력은 장기적 투쟁을 위한 수순이었다. 1948년 말에 이르러 미국과 소련 사이의 긴장은 극도로 고조되었다.

1948년 3월 20일 연합국관리위원회(Allied Control Council)가 베를린에서 열렸을 때 그것은 독일의 장래에 대한 가시돋친 설전장이 되었다. 소련 군사대표는 미국, 영국, 프랑스가 소련의 이익을 무시하고 서독에게 주권을 부여하는 쪽으로 가고 있다고 비난했다. 그에 대한 응수로 소련은 독일 점령에 대한 동-서 합의를 유지하는 데 연합국관리위원회의 논의가 소용없다고 선언했다. 4월 1일 소련은 베를린과 서방 점령지대를 연결하는 110마일의 회랑(소련 점령지대 내의)을 통과하는 모든 미국인—군인 및 민간인—의 신분을 확인하겠다고 미군 당국에 통보했다. 미국이 소련의 요구를 미국의 권리에 대한 침해라고 항의하고 베를린으로의 제한적 공중보급으로 도로 여행을 대체하자 위기는 신속히 지나갔다. 그러나 클레이(Lucius Clay) 베를린 주재 미군 사령관은 소련의 행동을 서독정부 수립 조치가 취해질 경우 예상할 수 있는 예고편일 뿐이라고 보았다.

미국과 소련의 긴장관계는 단지 독일문제에만 한정되지 않았다. 소련이 노르웨이에 압력을 넣어 상호원조조약을 맺을 것이라는 정보에 대응하여 트루먼은 의회에 브루셀조약의 확대 버전이 될 북대서양의 지역 군사동맹에 미국이 참가하는 것을 승인하도록 요청했다. 상원은 논의 없이 트루먼의 요청을 승인했다.

6월 서방 국가들이 인플레를 잡기 위해 서독과 베를린의 서방 점령지대에 새로운 단일 통화를 발행한 이후 그것을 서독정부 수립을 향한 결정적인 조치로 본 소련은 베를린 서방 점령지대의 봉쇄를 선언했다. 서방으로부터의 모든 자동차, 철로, 그리고 하천 교통은 금지되었고 동방으로부터의 전기와 식품 공급 또한 차단되었다.

트루먼은 베를린 전체를 공산주의 지배에 넘겨주든가, 서방 점령지대에서 권리를 유지하기 위한 군사행동을 하겠다고 위협하든가, 공중보급을 확대하고 그 문제를 궁극적으로 해결하기 위해 외교에 의존하든가, 어떤 선택을 해야 했다. 클레이 장군과 일부에서는 보다 공격적으로 행동해야 한다고 주장했지만 트루먼은 서베를린의 2백만 거주자에게 약 2천 5백 톤의 공중보급을 하기로 결정했다. 소련이 분쟁 해결에 동의하는 데 거의 1년이 걸렸지만 트루먼은 공중보급을 계속함으로써 그 위기로부터 중요한 정치적·외교적 이익을 얻었다. 트루먼은 소련의 위협에 맞서 단호한 결의를 보여줌으로써 미국에서 대중적 지지를 높이고 유럽의 동맹국에게는 소련의 괴롭히기에 미국이 결코 물러서지 않을 것이라는 믿음을 심어주었다.

1948년 소련에게 미국의 단호한 의지를 보여준 베를린 공수 작전

팔레스타인문제는 트루먼에게 독일문제만큼이나 힘든 결단을 요구했다. 앞서 지적했듯이 국가이익, 국내정치, 그리

고 도덕성이 중요하게 작용했다. 1948년 첫 수개월 동안 팔레스타인을 유대국가와 아랍국가로 항구적으로 분리하자는 논의가 뜨거웠을 때 국무부는 유대국가의 수립에 반대했다. 유대국가를 지지할 경우 유럽 동맹국을 위한 중동의 석유공급을 유지하기 어려울 것이라는 판단에서였다. 국무부는 또한 유대국가의 승인이 미국으로 하여금 항구적으로 그것을 방어할 무거운 의무를 지게 만들 것이며 다른 한편으로는 소련에게 도움을 구하고 있는 아랍인과 적대하게 될 것이라고 경고했다.

그러나 클리포드 특보는 대통령에게 유대국가를 승인할 것을 권고했다. 그렇지 않을 경우 심각한 국내 반발을 일으킬 수 있으며 그것은 결코 선거에 도움이 되지 않을 것이라고 주장했다. 뿐만 아니라 그는 석유 자원에 크게 의존하는 아랍 국가들이 서방에 공급을 중단할 여유는 없을 것이며 더구나 무슬림의 종교적 관행을 억누를 것이 분명한 소련과 제휴하는 것이 현실적이지 않을 것이라고 전망했다.[4]

4) Dallek, *Harry S. Truman*, p. 76.

그러나 트루먼은 쉽게 결정할 수 없었다. 3월 마셜은 국무부가 유엔의 휴전협정과 신탁통치를 제안하도록 했다. 그 제안은 팔레스타인에서 모든 세력들에게 호소력이 없었고 미국의 유대인은 분노했다. 그들은 미국정부가 유대 국가에 대한 지지 약속을 어겼다고 보고 11월 선거에서 트루

먼을 패배시키겠다고 위협했다. 대통령은 자신이 마셜의 신탁통치 제안을 승인하지 않았다고 발뺌했다.5)

5) Dallek, *Harry S. Truman*, pp. 76~77.

　백악관에서는 신생 유대국가를 승인하는 문제를 놓고 클리포드 대통령 특보와 마셜 국무장관 사이에 싸움이 벌어졌다. 대통령은 신속히 클리포드의 손을 들어 유대국가를 승인한다는 결정을 내렸다. 트루먼은 미국이 갈등을 막을 수 있는지 없는지에 대해서는 별 관심이 없었다. 그가 민감하게 생각한 것은 바꿀 수 없는 현실로부터 어떻게 자신의 정치적 이익을 얻을 수 있는가 하는 점이었다. 더구나 미국인의 65%가 팔레스타인의 분할에 찬성하고 오직 10%만이 그것을 반대했다. 사실 "미국은 그 지역의 사태를 명령할 수 없었다."6) 유대인 지도자들은 신탁통치를 받아들이지 않을 것이고 아랍 정부들은 그것이 이스라엘의 독립을 의미한다면 휴전을 받아들이지 않을 것이었다. 따라서 트루먼은 이스라엘의 승인이 가져올 정치적 이익과 히틀러의 박해로부터 생존한 유대인에 대한 인도주의적 본능에 따라 움직였다. 물론 그것은 또한 체코슬로바키아가 유대인에게 무기를 공급하도록 허락한 소련이 신생 유대국가에게 영향력을 행사하는 것을 막는다는 전략적 계산이 포함된 것이었다.

6) LMelvyn Leffler, *A Preponderance of Power: National Security, the Truman Administration, and the Cold War*, California: Stanford University Press, 1992, pp. 204~209.

　1948년 5월 이스라엘이 수립되고 트루먼은 신속히 승인했다. 결국 팔레스타인 문제는 그렇게 일단락되었다. 그러나 그것은 쉽게 해결할 수 없는 또 다른 문제를 남겨놓았다. 미국은 아랍과 생존을 위해 싸우는 이스라엘에게 무엇을 제공해야 하는가, 아랍 국가들과는 어떻게 관계를 유지해야 하는가, 그리고 미국은 신생국의 어떤 국경을 받아들여야 하는가? 이들 문제는 불가피하게 대통령 선거 속으로 휘말리게 되었다.

1948년 봄 이후 트루먼의 국내외 정책은 거의가 선거를 의식한 것이었다. 그는 국내외 문제에 거침없이 대응했음에도 불구하고 대중적 지지도는 11월 선거에서 그가 승리할 것이라는 낙관적 기대를 주지 못했다. 민권 개혁에 대한 그의 호소는 국내정책에서 가장 눈에 띄는 것이었지만 인기를 얻지 못했고 특히 남부에서 그의 인기는 극히 낮았다. 트루먼의 과감한 대외정책 역시 국민의 지지를 끌어올리는 데 큰 도움이 되지 못했다. 여론조사에 의하면 예상되는 3명의 공화당 도전자 듀이(Thomas Dewey) 뉴욕 주지사, 스타센(Harold Stassen) 미네소타 주지사, 그리고 미시간의 반덴버그(Arthur Vandenverg) 상원의원 모두가 트루먼이 패배할 것으로 전망했다. 단지 오하이오의 태프트(Robert Taft) 상원의원만이 트루먼을 이기지 못할 것으로 나타났다. 6월에 필라델피아에서 공화당 전당대회가 열렸을 때 저명한 여성

하원의원이자 『타임(Time)』 발행인 루스(Henry Luce)의 부인 클레어 루스(Clare Boothe Luce)는 대의원들에게 확신에 찬 어조로 트루먼은 "희망이 없다. 솔직히, 그는 가망 없는 사람"이라고 말했다.7) 공화당원은 그들이 16년 만에 처음으로 백악관에 다시 입성할 것이라 믿었다.

7) Alonzo L. Hamby, *Man of the People: A Life of Harry S. Truman*, New York: Oxford University Press, 1995, p. 439.

트루먼은 선거를 유리하게 끌고 갈 뭔가가 절실히 필요했다. 캘리포니아 버클리대학(University of California)의 연설 초청은 선거 이전에 그가 전국 여행을 하기 위한 절호의 기회였다. 트루먼은 기차로 천천히 전국을 순회 여행하기로 작정했다. 그것은 작은 역에 빈번히 정차하여 지역 주민들이 대통령을 직접 보고 그의 말을 들을 수 있는 기회를 제공할 것이기 때문이었다. 트루먼은 자신이 직접 지역 주민에게 자신의 생각을 진솔하게 말하고자 했던 것이다.

트루먼은 탐험적 모험을 의미하는 '페르디난트 마젤란(Ferdinand Magellan)'으로 이름 붙인 기차의 마지막 객차에서 그의 보좌관들과 함께 생활하고 작업하고 연설을 했다. 그 객차는 연설대를 갖춘 후방 연단과 확성기, 그리고 약간의 고위관료를 위한 방을 갖추고 있었다.

그러한 모양의 객차를 이용한 트루먼의 여행은 대통령을 접근하기 어려운 워싱턴의 인물이라기보다는 동료로 생각하도록 만들었다. 2주간의 여행에서 가장 두드러진 특징이라면 큰 도시의 대로에서 행한 6번의 공식 연설이 아니라 외관상으로는 중요하지 않은 역을 의미하는 '간이역(whistle stops)'에서 가진 주민과의 비공식적인 즉석 대화였다. 그것이 수많은 사람들의 공감과 감동을 자아냈다.

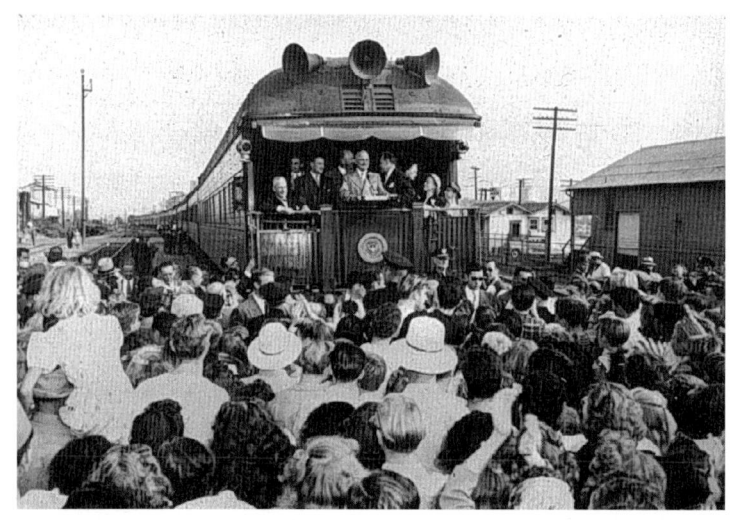

1948년 '간이역' 선거 운동하는 트루먼

대통령은 지역의 역사에 대해 간단히 말하면서 대화를 시작했다. 트루먼은 그의 부인과 딸을 자신의 '보스'와 '보스의 보스'라고 소개했다. 그것은 군중들에게 여성의 몸가짐과 대통령이 모범적인 중산층 가족이라는 의식을 심어주었다. 트루먼은 항상 미소를 지었으며 보통의 미국인과의 접촉에서 진짜 기쁨을 얻은 듯했다. 주민들 다수는 트루먼과의 만남에서 그를 예의바르고 존경받을 만한, 그리고 자신들과 크게 다르지 않은 지역의 은행이나 소기업을 운영하는 가까운 사람으로 느꼈다.[8]

8) Hamby, *Man of the People*, p. 439.

트루먼의 그러한 비공식적 즉석 대화는(한때 캘리포니아에서 기차가 밤늦게 정차하자 트루먼은 잠옷 바람에 나타난 적이 있었다) 주민들에게 상당히 설득력이 있었고, 그것을 통해 트루먼은 큰 자신감을 얻게 되었다. 트루먼은 마음에 있는 말들을 주민들에게 쏟아냈다. 그는 공화당 의회를 최악의 "아무것도 하지 않은," "아무런 도움도 안 되는" 것으로 깎아내렸다. 그리고 그는 "나는 하고자 한다. 나는 하고자 한다"라고 소리쳤다. 18개 주를 통과하는 2주간의 여행에서 트루먼을 직접 본 사람은 약 3백만 명으로 추산되었다. 6월 18일 워싱턴의 유니온스테이션에 하차했을 때 대통령은 매우 활기찬 모습이었다.[9]

9) Dallek, *Harry S. Truman*, p. 39·79.

그러나 트루먼은 여전히 당 내부와 외부로부터 압박을 받고 있었다. 그래서 그는 자신감을 불러일으킬 뭔가가 더욱 필요했다. 공화당은 전당대회에서 듀이를 지명하고 인기 있는 워렌(Earl Warren) 캘리포니아 주지사를 그의 러닝메이트로 삼아 힘을 보강했다. 이후 여론조사에서 트루먼은 듀이와의 경쟁에서 계속 11% 낮게 나타났다. 더구나 민주당은 7월 전당대회에서 충돌하여 당이 쪼개졌다. 남부의 열성당원은 트루먼의 정책 일부를 수용하지 않았으며, 이미 당의 공천 후보를 거부하고 월러스를 지지하는 자유주의자들은 아이젠하워 장군을 민주당의 후보로 영입할 것을 공개적으로 주장했다. 이케스는 사적으로 트루먼에게 출마 포기를 권유했다. "당신은 자발적으로 그리고 품위 있게 은퇴할 기회가 있습니다. 그렇지 않으면 환멸을 느끼며 분노한 시민들에 의해 쫓겨날 것입니다"라고 그는 말했다.[10]

10) Donovan, *Conflict and CriAsis*, pp. 388-389.

그러나 트루먼은 여전히 자신이 당의 지명을 받고 선거에서 승리할 것이라고 확신하고 있었다. 물론 그의 확신에 동의한 사람은 거의 없었다. 민주당의 분위기는 그야말로 초상집이었다. 필라델피아에서 열린 전당대회에 참석한 민주당 대표자들은 마치 장래식의 조문객들처럼 보였다. 71세의 바클리(Alben Barkley) 상원의원은 기조연설을 통해 루스벨트의 12년 뉴딜정책의 성과를 열거하고 공화당의 실패를 대조시키면서 대의원들에게 활력을 불어넣었다. 그의 연설은 민주당원에게 새로운 열정을 촉발시키고 자신을 부통령 지명자로 만들었다. 트루먼이 처음 부통령후보로 선택한 사람은 자유주의자 더글러스(William O. Douglas) 대법원 판사였다. 그러나 그는 법원에 남기를 원했다. 트루먼은 입후보에 대한 당내의 의심에도 불구하고 첫 표결에서 후보 지명을 받았다. 조지아의 러셀(Richard Russell) 상원의원을 지지하는 남부 대표자들의 상징적인 반대만 있었을 뿐이다.

민주당 전당대회의 가장 극적인 순간은 민권에 관한 당의 정강을 놓고 벌어진 싸움이었다. 젊고 입심 좋은 미네소타폴리스의 험프리(Hubert Humphrey) 시장은 자유주의자들이 역사적 잘못을 바로잡기보다는 남부를 달래기 위해 민권에 대해 애매하고 억제된 진술을 하고 있다고 주장하면서 그것에 맞선 감동적인 반발을 이끌어냈다. 대통령의 민권 개혁의 패키지에 대한 한목소리의 지지를 요구하는 논쟁에서 험프리와 그의 자유주의자들은 당 다수의 지지를 얻었다. 험프리는 민주당은 "주권(states's rights)의 그림자에서 빠져나와 곧바로 인권의 밝은 햇볕 속으로 걸어 들어가야" 한다고 주장했다.11)

11) Dallek, *Harry S. Truman*, p. 80.

7월 15일 새벽 두 시에 트루먼이 지명 수락을 위해 지친 대의원들 앞에 등장했다. 트루먼은 그 순간을 11월 선거에서 당을 승리로 이끌 수 있다는 자신의 확신을 보여주는 기회로 삼았다. 그 어떤 것도 트루먼의 결의를 꺾지 못했다. 그는 최근의 자신의 기차 여행에서 비공식적 언급들이 얼마나 효과적이었는지를 열거하고 그때 했던 것처럼 공화당이 빈 공약을 한다고 맹비난하면서 7월 26일 의회의 특별 회기를 소집할 것이라 주장했다. 트루먼의 결의와 적극적 공세는 참석한 민주당 대의원과 언론을 깜짝 놀라게 했다. 그는 인플레를 잡고 주택 부족을 완화하고 교육을 지원하고, 그리고 민권 개혁을 입법하기 위해 듀이와 공화당을 물리치겠다는 의지를 천명했다. 그것은 참으로 놀라운 책략이었다. 트루먼은 그의 반대자들을 방어적 입장에 던져넣고 모든 당원에게 자신이야말로 힘든 싸움을 준비한 진정한 지도자라는 인상을 강하게 심어주었다.

그러나 트루먼의 싸움은 이제 시작되었을 뿐이었다. 민주당이 전당대회를 마친 이틀 뒤 남부 당원들은 공식적으로 탈당했다. 그리고 그들은 '남부민주당탈당파(Dixiecrats)'라는 신당을 창당하고 더몬드(Strom Thurmond)를 대통령 후보로 지명하고 인종분리정책을 유지할 것을 선언했다. 한편 월러스는 진보당(Progressive Party) 전당대회를 주재했다. 전당대회는 공식적으로 그를 대통령 후보로 지명했다. 월러스는 트루먼의 대외정책은 또 다른 전쟁을 초래할 것이라고 공격했다. 명백한 정치적 부담에도 불구하고 월러스는 미국공산당(Communist Party of America)의 지지를 거부하지 않았다.

그러한 불리한 상황에서도 트루먼은 의회의 특별 회기에 관심을 두었다. 그는 7월 26일 하원에 나와 전당대회 연설에서 했던 개혁에 대한 요구를 반복했다. 그 후 2주 동안 의회는 대통령의 요구에 반발하여 거의 아무것도 하지 않았다. 그것은 트루먼에게 정확히 그가 원했던 것을 제공했다. 즉, 공화당은 중요한 국내 문제를 다룰 의지도 능력도 없다는 것을 스스로 입증했다. 대통령은 군대에서 인종을 통합하고 연방공무원 채용에서 인종차별을 종식하겠다는 약속을 실행하기 위해 행정명령을 발표했다. 그런데 그것은 적어도 부분적으로는 아무 일도 하지 않은 공화당과 민주당의 차이를 강조하기 위해서였다.

트루먼은 9월 시작되는 선거운동을 기대하면서 좋은 소식과 나쁜 소식을 들었다. 좋은 소식은 이미 마음을 정한 유권자 대다수가 공화당 의회를 보통이거나 나쁜 일만 하는 것으로 보는 반면 과반수는 민주당이 나라의 중요한 문제를 다루는 데 일을 더 잘할 수 있다고 믿는 것이었다. 국민은 또한 대체로 연방정부가 린치 범죄를 다루고 흑인의 투표를 방해하는 인두세의 폐지를 선호하면서 대통령의 민권 개혁 시도를 지지했다. 나쁜 소식은 듀이가 각종 여론조사에서 지속적으로 앞서고 있다는 사실이었다. 트루먼의 승리에 중요하게 작용할 것이 분명한 뉴욕의 유권자들조차 42%대 32%로 듀이를 선호했으며 월러스도 14%나 지지를 얻었다.[12]

12) George H. Gallup, *The Gallup Poll, 1935-1971*, vol 1, 1935-1948, New York: Random House, 1972, pp. 744-748.

10월 각종 여론조사, 신문, 정치전문가, 그리고 심지어 당의 지도자들마저도 트루먼의 승리는 물 건너간 것으로 여겼다. 그러나 트루먼은 그런 비관적 전망에 구애받지 않았다. 그는 의회와 공화당을 후버(Herbert Hoover) 전 대통령의 당이라고 맹렬히 공격했다. 공화당은 공황을 극복하지도 못하고 뉴딜정책의 성과를 폄훼하는, 그리고 다수당임에도 어떤 생산적인 결과도 내지 못한 무책임하고 무능한 당이라고 매도했다. 트루먼은 자신은 굳이 대통령이 될 필요가 없는 행복한 사람이라는 인상을 주었다. 그는 꾸밈이 없고, 열심히 일하고, 약간의 흠이 있고, 예의바르고, 성실한, 평범한 미국인 대다수를 닮았다. 그것은 듀이가 감당할 수 없는 보기 드문 절묘한 결합으로 트루먼의 매력이었다.

　반면 듀이는 사람들에게 차갑게 느껴지는 타입이었다. 그는 콧수염을 기르고, 중절모자를 쓰고, 의복을 단정히 입고, 겸손해하지 않는, 그리고 영감을 주지 못하는 말투의 인물이었다. 듀이는 마치 "어쩔 수 없이 떠밀려서 무대에 등장한 사람"처럼 보였다. 사람들은 그를 웨딩케이크 위의 신랑 혹은 점잔을 빼며 앉아 있는 사람으로 묘사하며 야유를 보냈다. 대조적으로 트루먼은 "순수하며 합의가 가능한 따뜻한 마음을 가진 사람"이라는 인상을 주었다.[13]

13) Dallek, *Harry S. Truman*, p. 82.

　　트루먼과 듀이, 두 사람의 성격과 스타일의

차이는 선거 전략과 전술의 차이로 나타났다. 자신이 앞서 있다고 믿고 승리를 확신한 듀이는 선거전을 개시할 때 어떻게든 패배시켜야 할 적에게 적확한 공격 지점을 찾지 못했다. 듀이는 트루먼의 국내외 정책을 집중적으로 공격했어야 했다. 그러나 그는 냉전 초기 미국의 후퇴나 인플레 및 주택부족을 비난하는 대신 트루먼의 약점을 소극적으로 언급했을 뿐이다. 듀이는 이미 패배할 것이 확실한 대통령을 물어뜯고 하는 것이 오히려 도움이 되지 않는다고 판단했다. 그러나 그것은 듀이의 치명적인 착각이었다.

1948년 대선에서 듀이의 승리를 단언하는 언론을 내보이며 자신의 승리를 외치는 트루먼

1948년 선거 결과는 거의 모든 사람을 놀라게 했다. 예상을 뒤엎고 트루먼은 일반투표에서 2백만 표 이상 앞섰으며 선거인단(Electoral College) 표에서는 303대 189로 승리했다. 트루먼이 28개 주에서 승리한 데 비해 듀이와 더몬드는 각각 16개 주와 4개 주에서 겨우 승리했다. 민주당은 상하원을 다시 지배하게 되었다. 당혹한 여론조사자들은 자신들의 예측 실패가 너무 빨리 여론조사를 중단했고 그래서 선거전 마지막 수일 동안 유권자들의 정서 변화를 추적하지 못한 데 있다고 변명을 늘어놓았다. 어떻든 미국 국민은 트루먼에게 4년의 임기를 맡겼다. 이제 트루먼은 루스벨트의 계승자로서가 아니라 그 자신이 자격을 갖춘 미국의 대통령으로 당당히 인정받게 되었다.

# 냉전 지도자로서의 트루먼 6장

국내외의 냉전적 도전

## 국내외의 냉전적 도전

트루먼의 놀라운 1948년 선거 승리는 그의 결의와 확신의 결과였다. 트루먼의 자심감은 더욱 커졌고 의기양양해졌다. 그러나 트루먼은 자신의 제2기가 만만치 않은 도전에 직면할 것임을 느꼈다. 그만큼 국내외의 상황이 유동적이고 불확실했다.

트루먼은 선거 승리를 배경으로 자신이 이전부터 추진하려 했던 정책을 밀어붙이고자 했다. 의회 일부에서는 그의 프로그램을 뉴딜정책의 연장 혹은 루스벨트의 제5기의 시작으로 보았지만 트루먼은 루스벨트를 넘어서는 보다 진보적인 프로그램을 의제로 선택했다. 사실 루스벨트의 뉴딜정책은 전쟁이 시작되면서 전쟁의 승리를 위한 목적 때문에 뒷전으로 밀리게 되었다. 루스벨트는 전쟁이 끝나면 자유주의적 정책의 입법 활동으로 복귀할 것을 약속했었지만 그것은 전쟁 이후 나라를 이끌 분명한 프로그램이라기보다는 그의 제4기의 일부였다.

트루먼은 1949년 1월 연두교서를 통해 모든 미국인은 "미국 정부로부터 공정한 대우를 기대할 권리가 있다"고 선언함으로써 그만의 특징을 각인시키고자 했다.1) 시어도어 루스벨트의 공평정책(Square Deal)과 프랭클린 루스벨트의 뉴딜정책(New Deal)은 이제 트루먼의 공정정책(Fair Deal)으로 발전적으로 계승되게 되었다. 트루먼은 더욱 인간적이고 정의로운 사회에 대한 과거와 현재의 희망을 실행할 대담한 의제를 제시했다. 보다 공정하고 더욱 공평한 조세 구조, 보다 높은 최저 임금, 식품 생산과 농가의 수입을 제고할 수 있는 농장 프로그램의 확대, 테네시강 개발유역공사와 같은 공공전력프로젝트의 확대, 태프트-하틀리법의 폐지, 교육에 대한 연방의 지원, 보다 큰 사회적 보장, 국민의료보험, 추가적 공공주택 프로그램, 그리고 공화당이 지배한 제80차 의회에서 방치된 민권개혁 등을 천명했다.

1) *Public Papers of the Presidents of the United States: Harry S. Truman, 1946*, Washington, D.C.: Government Printing Office, 1961, p .941.

트루먼의 의제 가운데서 가장 정치적인 것은 민권 문제였다. 그중에서도 국내외적으로 민감한 문제는 학대받고 있는 아프리카계 미국인이었다. 미국은 전 세계의 유색인으로부터 비난을 받았다. 아프리카와 아시아, 그리고 라틴아메리카에서 유색인은 백인의 식민지 혹은 반식민지 지배를 끊어내기 위해 투쟁하고 있었다. 소련은 미국의 인종차별

1949년 트루먼 대통령 취임식 장면

을 비난하고 제3세계에서 그들의 마음을 사기 위해 노력하면서 동-서방 경쟁에서 유리한 지점을 차지하고자 했다.

다수의 자유주의자들은 대통령의 일련의 대담한 개혁에 대한 새로운 요구에서 희망을 보았지만 그것이 입법 활동으로 이어지기 어렵다는 것을 곧 알게 되었다. 민주당이 하원에서 263대 171로 거의 절대 다수를 차지했고 상원에서도 54대 42로 12석이 더 많았다. 그렇지만 남부 민주당이 핵심 위원회의 위원장을 차지하여 보수적 공화당과 결탁함으로써 트루먼이 요청한 법안의 통과를 막았기 때문이다. 그래서 트루먼의 선거 승리가 곧 개혁의 실행을 의미한 것은 아니었다.

 그러나 장애물은 의회의 보수주의만이 아니었다. 1948년 일반투표에서 트루먼의 득표율은 단지 49.5%였다. 그것은 국민정서가 어떤 대담한 개혁 시도에 열정적이기보다는 미온적임을 의미했다. 사실 의회 다수파는 최저 임금의 증가와 저가 주택에 대한 연방 지원의 확대를 선호했다. 그러나 그들은 태프트-하틀리법의 계속적인 인기에 반영된 것처럼 노동조합에 대해서는 여전히 냉담했다. 여론조사는 다수파가 국민의료보험 혹은 트루먼의 민권 프로그램을 지지하지 않음을 보여주었다. 국민의 보다 큰 걱정은 대통령이 제안한 개혁보다는 높은 생활비와 국가안보에 대한 공산주의 위협이었다.

 트루먼이 의회를 통해 공정거래 프로그램을 주도할 수 없음은 곧 드러났다. 3월 상원에서 자유주의자는 남부 민주당과의 토론에서 이기지 못했다. 트루먼은 상원에서 그의 민권 제안을 내놓기에 앞서 상원의 규칙을 바꾸어 논쟁을 종식시키고자 했다. 그러나 그러기 위해서는 과반수의 동의가 있어야 했고 87명의 참석 의원 가운데 백악관을 지지한 수는 41명이었다. 결국 트루먼의 시도는 실패했다. 그것은 트루먼의 선거 승리의 허울을 드러냈으며 다수의 자유주의자들을 깊은 비관 속으로 처넣었다. 로엡(James Loeb Jr.)

2) Hamby, *Beyond the New Deal: Harry S. Truman and American Liberalism*, New York: Columbia University Press, 1973, pp. 311~314.

민주실천연대(Americans for Democratic Action)의 간사는 "민주당이 상원 혹은 하원을 지배한다는 환상은 결정적으로 깨졌다"고 단언했다.2)

의회의 태프트-하틀리법 폐지 거부는 자유주의자들이 그들의 낙담을 확인하기에 충분했다. 1947년에 그 법을 찬성한 하원과 상원의 대다수는 1949년에도 여전히 자리를 차지하고 있었다. 사실 국민들 상당수도 태프트-하틀리법이 국가적 비상사태에 준하는 파업을 막도록 한 대통령의 파업금지권을 선호했다. 그래서 이 조항을 빼려는 노력은 하원과 상원에서 지지를 얻지 못했다. 헌법이 이미 어떤 잠재적인 국가비상사태를 다루는데 충분한 권한을 대통령에게 주고 있다는 트루먼의 호소에도 불구하고 태프트-하틀리법은 트루먼의 임기 마지막까지 유지되었다.

주요 개혁 입법을 막은 또 다른 중요한 요인은 공산주의 위협에 대한 국민적 집착이었다. 미국인 대다수는 미국에 우호적인 나라들을 위협하는 공산주의 침략을 두려워했으며 워싱턴에서도 전복 활동이 일어날지 모른다고 걱정했다. 소련은 동유럽을 견고하게 지배하는 듯이 보였고, 베를린 위기는 5월까지 지속되었으며, 중국 내전에서 마오쩌둥의 공산당이 장제스의 국민당에게 계속 승리하면서 상황은 더욱 악화되고 있었다. 그래서 또 다른 세계전쟁이 다가오고 있다는 우려가 국민들 간에 퍼져갔다. 더구나 루스벨트 행정부 내에서 활동한 공산주의 간첩에 대한 주장(타임의 편집자 챔버스(Whittaker Chambers)가 공산당원이었다고 고백하고 고위급 외교관 히스(Alger Hiss)가 정부의 비밀을 그에게 넘겼다는 등)은 국민들을 더욱 놀라게 만들었다.

그러한 폭로는 공화당이 1945년 얄타회담에서 루스벨트가 한 결정을 공격하는 데 무게를 더해 주었다. 공화당은 루스벨트가 스탈린을 효과적으로 다루기에는 너무 병들었으며 스탈린이 동유럽과 아시아에서 루스벨트의 양보를 받아냈다고 주장했다. 공화당은 그것을 히틀러에게 유럽 국가들을 넘겨준 1938년의 '유화정책(appeasement)'과 다를 바 없다고 몰아붙였다. 공화당은 미국과 서방이 공산주의에게 패배한 위험에 직면해 있다는 과장된 주장을 서슴지 않았다.

루스벨트의 얄타회담에 대한 공화당의 비판은 당시의 정책적 오류에 대한 비판이라기보다는 미국의 대외정책을 주도하고 있는 트루먼과 민주당에 대한 비난의 기회를 잡기 위한 것이었다. 반공산주의는 분명 1949년 정치인들에게는 인기 있는 정치적 수단이었다. 하원의 비미국적활동위원회(House Committee on Un-American Activities, HUAC)는 공산주의 전복을 조사했으며 청문회는 넓은 대중적 지지를 얻었다. 국가안보에는 거의 기여하지 못하고 마녀사냥에만

열중하고 있다는 비판자들의 불만에도 불구하고 그 위원회는 노동조합 간부들의 충성서약과 공산당원이 대학에서 학생을 가르칠 수 없도록 요구했다. 트루먼 자신은 공산주의의 두려움을 이용하여 충성서약 프로그램을 실시하고 소련 제국주의 혹은 내부 공산주의 전복의 위협을 받고 있는 나라들에 대한 대외원조 요구를 밀어붙였다.

트루먼은 공산주의에 대한 두려움을 정치적 노림수로 이용할 수 있다고 생각했다. 비미국적활동위원회의 활동에 대해서도 그런 시각을 갖고 있었다. 트루먼은 위원회의 히스-챔버스 청문회가 인플레에 대한 국민의 보다 큰 두려움으로부터 "주의를 다른 곳으로 돌리기 위한 것(a red herring)"이라는 데 동의했다. 트루먼의 그러한 태도는 국민의 일반적인 정서에 반하는 것이었으며 각별히 단호한 반공산주의자 닉슨(Richard Nixon) 하원의원은 몹시 화가 났다. "내가 정치에 몸담고 있는 동안 싫어하는 단 두 사람이 있는데, 트루먼은 그중 한 명이다"라고 닉슨은 말했다.[3]

3) Merle Miller, *Plain Speaking: An Oral Biography of Harry S. Truman*, New York: Berkeley Publishing, 1973, p. 139.

1949년 트루먼은 마셜의 후임으로 딘 애치슨(Dean Acheson)을 국무장관으로 임명했다. 그의 인준을 위한 상원 청문회 과정은 국내 공산주의 위협에 대한 미국인의 과도한 걱정을 그대로 드러내주었다. 애치슨은 저명한 워싱턴의 변호사로 루스벨트 행정부의 재무부와 국무부에서 일했으며 트루먼의 대통령직 2년간 국무부 차관이었다. 그리고 번스와 마셜 국무장관이 국제회의로 부재중일 때 그는 임시 국무장관 역할을 맡아보았다.

애치슨은 우익으로부터 히스와 마찬가지로 비밀 공산주의자일 수 있다는 비난을 받았다. 그러나 그는 미국 상류사회의 존경받는 일원으로 그런 비난은 터무니없는 것이었다. 애치슨은 또한 트루먼 독트린과 마셜 플랜의 발전에서 핵심적 인물이었다. 그런데도 그러한 의심 때문에 상원 대외관계위원회의 민감한 의원들은 그의 임명을 승인할 때 "공산주의는 자유사회에 경제적으로 그리고 인권과 기본적 자유에 극히 해롭다. 세계정복의 침략적 요인으로서 공산주의는 독립 국가와 자유로운 국민에게 치명적이다"라고 말한 애치슨의 진술 내용을 인용해야 한다고 생각했다.[4]

4) Robert Dallek, *Harry S. Truman, The American Presidents* in eds., Arthur M. Schlesinger, Jr & Sean Wilents, New York: Henry Holt & Company, 2008, p. 88.

트루먼과 그의 행정부는 공화당의 비판자들 못지않게 소련의 위협을 우려했다. 소련의 지배에 맞서 서유럽을 보장하려는 1947년과 1948년에 취해진 여러 조치들은 1949년 4월 북대서양조약기구(NATO)에서 절정에 달했다. 그 기구는 어떤 다른 가맹국이 침략을 받으면 미국이 그들을 도울 것임을 보장했다. 그것은 1778년 독립전쟁 중에 프랑스와 맺은 조약 이래 미국 역사에 있어서 최초의 공수동맹조약이었다. 미국은 북대서양조약기구를 발족시킴으로써 오랜 고립주의 전통에 종지부를 찍고 국제주의와 간섭주의의 길로 나선 것이다.

물론 미국의 공식적 노선 수정이 국무부, 군부, 그리고 백악관에서 진지한 토의와 유보 없이 이루어진 것은 아니었다. 미국은 이미 독일에 군을 주둔해왔기 때문에 미국이 조약으로 소련의 침략에 대항하여 군사적 행동을 약속하는 것은 불필요한 듯했다. 하지만 트루먼 행정부는 독일을 서방동맹의 일원으로 재건하려면 미국이 프랑스의 방어에 대한 군사적 공약을 해야만 한다고 이해했다. 독일의 침략에 대한 프랑스의 두려움은 소련의 그것 못지않게 명백한 것이었기 때문이다.

북대서양조약기구는 또한 미국은 직접 침략이든 전복이든 서유럽에 대한 공산주의 지배를 용납하지 않을 것이라는 신호를 소련에게 보내는 것을 의미했다. 그러나 케넌이 경고했듯이 그 기구는 냉전을 군사화할 것이었다.[5] 미국의 움직임에 대응하여 소련은 자신의 군사동맹으로 응수했다. 소련은 러시아와 동유럽 국가들을 모아 바르샤바조약(Warsaw Pact)을 맺었다. 소련은 북대서양조약기구를 소련을 겁주기 위한 미국의 침략 행동으로 간주했다. 양측의 군사력 강화는 긴장 수위를 높였고 무력충돌의 가능성은 더

5) Dallek, *Harry S. Truman*, p. 89.

욱 커졌다.

당시 소련은 군사적 수단으로 서유럽을 지배할 의도도 능력도 없었다. 그런데 미국이 서유럽의 경제적·정치적 안정을 지원하고 있는 마셜 플랜과 더불어 북대서양조약기구의 설립은 군사적 경쟁을 불러일으킬 수밖에 없었다. 케넌이 보기에 군사동맹은 "경제적 회복과 유럽의 난제들의 평화적 해결을 해치는 군사문제에 대한 일반적 몰두"를 초래할 것이 분명했다.[6] 그러나 북대서양조약기구는 미래의 안보를 불안해하는 서유럽 국가들에게 상당한 심리적·실질적 신뢰를 심어주었다.

[6] Melvyn Leffler, *A Preponderance of Power: National Security, the Truman Administration, and the Cold War*, California: Stanford University Press, 1992, pp 208~286 ; George F. Kennan, *Memoirs, 1925-1950*, New York: Little, Brown, 1967, pp. 407~411.

미국인 대다수도 트루먼 행정부의 북대서양조약기구 참여를 지지했다. 여론조사에 의하면 미국인의 2/3이상이 조약에 찬성했다. 그러나 그것만으로 소련과 공산주의에 대한 미국인의 불안이 해소된 것은 아니다. 1949년 9월 소련은 첫 번째 원자폭탄을 실험했다. 그것은 미국의 정보기관이 예측했던 것보다 훨씬 빨랐다. 트루먼과 다수의 관리들은 미국의 원자폭탄 독점이 미국의 첫 번째 방위선이며 소련의 기습공격 가능성을 실질적으로 줄일 수 있다고 확신했다. 소련의 원자폭탄 획득은 그러한 생각을 바꾸어놓았다. 그들은 유럽과 아시아의 주변부에서 훨씬 많은 육군을 가지고 있는 소련이 이제 핵무기를 보유하게 되었으니 보다 유리한 위치에서 심지어는 핵무기로 미국과 유럽을 선제공격할 수 있게 되었다고 두려워했다. 그들은 또한 서유럽 국가들이 미국의 의지를 의심할 수 있다는 점을 걱정했다.

트루먼은 미국과 유럽의 국민을 당황하게 만들지도 모른다는 우려 때문에 소련의 원자폭탄 실험 소식을 알리는 데 주저했다. 릴리엔털(David Lilienthal) 원자력위원회(Atomic Energy Commission) 의장은 대통령을 설득하여 당장 국민에게 알리도록 했다. 트루먼은 미국의 정보가 소련의 원자폭탄 실험을 증명하는지 믿기 어렵다고 말했다. 그리고 그 사실을 알리는 것이 큰 공포와 혼란을 야기할지도 모른다고 두려워했다. 그러나 릴리엔털은 소련이 그런 무기를 제조할 능력을 갖고 있으며 만약 그 정보가 누설되면 대통령의 지도력에 대한 국민의 신뢰가 무너질 것이라고 조언했다. 소련의 핵실험을 확인한 3일 뒤인 9월 23일 트루먼은 그 사실을 세계에 알렸다. 트루먼이 우려했듯이 그의 지지도는 1949년 6월 확고한 57%에서 9월 말 51%로 크게 떨어졌다. 국민들의 기대감과 실망감이 그렇게 교차한 것이다.[7]

7) Dallek, *Harry S. Truman*, p. 91.

트루먼은 중대한 결정에 직면했다. 미국은 소련의 핵무기 보유에 어떻게 대응해야 하는가? 결국 소련은 미국과 동등한 핵능력을 갖게 될 것이고 소련의 모험주의가 새로운 세계전쟁을 불러올 수도 있다고 본다면 미국은 어떻게 소련의 힘과 전쟁 가능성을 억제할 수 있는가? 군부는 원자력 개발에 박차를 가해야 한다고 주장했다. 트루먼은 그 주장을 신속히 받아들였다. 그러한 판단의 전제는 수적·질적인 면에서 미국이 소련의 핵무기를 계속 앞서고 그러면 그것이 억제력이 될 것이라는 희망이었다. 그러나 문제는 단순히 원자폭탄이 아니라 일본에 사용되었던 원자폭탄의 10배 심지어는 100배가 가능한 수소폭탄을 제조해야 하느냐에 있었다. 그 모든 결정과 책임은 트루먼에게 있었다.

트루먼 행정부 내에서 미국이 어떤 선택을 할 것인가를 놓고 날카롭고 격렬한 견해 차이가 있었다. 군사 및 국가안보 책임자들 다수는 강력한 무기를 개발할 것으로 보이는 소련에 앞서 미국이 긴급계획을 세워야 한다고 주장했다. 그러나 케넌을 포함하여 다른 사람들은 그것을 문명의 종식을 의미하는 '부도덕한 집단 학살'의 무기라고 반대했다. 원자폭탄과 수소폭탄은 제정신을 가진 지도자의 손에서 사용할 수 있는 무기가 아니라고 케넌은 믿었다. 정작 필요한 것은 소련과 미국의 지도자들에게 군비경쟁과 종말적 전쟁의 가능성보다는 화해를 찾기 위한 외교가 필요한 것으로 보였다.[8]

그러나 미국은 어떤 식으로 그리고 언제까지 소련이 세

8) Dallek, *Harry S. Truman*, p. 91

계의 모든 나라와 사람들을 위협할 수 있는 수소폭탄 개발 가능성을 막을 수 있으며 그러한 내용을 동맹국에게 감출 수 있을지 알 수 없었다. 그리고 설령 소련이 그 가공할 무기를 사용할 의도를 가지고 있지 않았다고 하더라도 소련의 수소폭탄 보유는 서방에 엄청난 심리적 타격을 줄 수 있었다. 애치슨 국무장관의 말처럼 "편집병적인 적을 설득하여 본보기로서 군축을 시도할 수는" 없었다. 그는 케넌의 '절대 평화주의적 시각(Quaker views)'을 무책임하다고 비판했다. 그러나 애치슨의 시각은 핵무기 확산과 냉랭한 세력균형에 바탕을 둔 장기간의 냉전적 긴장을 지속시키는 결과를 초래했다.9)

9) Leffler, *A Preponderance of Power*, pp. 326~330.

트루먼 행정부의 핵문제를 둘러싼 내부 갈등은 해가 바뀌면서 바로 해결되었다. 미국의 안보와 군사력 문제에서 또 다른 국제적 사태들이 수소폭탄 개발 여부에 대한 트루먼의 결정을 매듭짓게 도왔다. 아시아에서, 각별히 한국과 중국의 사건들은 점증하는 공산주의의 힘을 과시했다. 그것들은 트루먼의 계산에서 무시될 수 없었다.

제2차 대전이 끝나면서 미국과 소련은 일본의 식민지 조선을 공동 점령했다. 그것은 한반도에서 적절한 세력균형인 듯했다. 1945년 9월 미군은 준비되지 않은 채 일본군을 무장해제하기 위해 남한에 상륙하고 소련군은 38선 이북으로 진주했다. 하지(John R. Hodge) 중장 휘하의 미국은 한국을 어떻게 자치 혹은 미국 통치로 전환해야 할지 어떤 방법적 실마리도 없이 한국에 들어왔다. 하지는 너무 당황하여 처음에는 일본인 행정관들을 그대로 그들의 자리에 남겨두었다. 그러나 한국인의 분노가 거세지자 일본인을 한국인으로 교체했다. 당시 조국을 되찾은 한국인은 기대와 실망이 교차하면서 정치적으로 극도로 분열되어 있었다. 그래서 분열과 혼란이 어떻게 가라앉을지는 예측하기 어려웠다.

1948년 미국과 소련은 각각 그들의 점령지역에서 정부를 세웠다. 미국의 목표는 가능한 빨리 남한의 안보에 대한 직접적 책임을 벗어나는 것이었다. 트루먼은 이승만 대통령을 고무하여 국립경찰을 창설하도록 했다. 그것은 내부치안을 보장할 수 있고 북으로부터의 잠재적인 위협을 방어할 수 있을 것으로 보였다. 1949년 중국 공산당의 내전 승리가 가시화되자 트루먼은 남한을 위한해 3억 8천5백만 달러 규모의 3개년 계획을 제안했다. 트루먼은 의회에 이 원조를 요청하면서 남한을 민주주의와 공산주의의 '시험장(testing ground)'으로 묘사했다. 남한의 성공은 공산주의에 저항하는 북아시아의 '횃불(beacon)'이 될 것이었다. 사실 군부는 한국의 전략적 가치를 낮게 평가했으며 그러한 평

1945년 9월 남한을 해방한 미국

10) Arnold Offner, *Another Such Victory: President Truman and the Cold War, 1945-1953*, Stanford: Stanford University Press, 2002, pp. 347-357.

가를 근거로 미군을 철수시켰다. 그리고 애치슨 국무장관은 나중에 그것을 공개적으로 천명하기도 했다. 그러나 정치적 측면에서 한국은 소련과 공산주의의 힘 및 세력 팽창에 맞서는 중요한 상징이었다.[10]

당시 미국의 아시아 정책에서 중국 문제는 무엇보다 중요했다. 미국은 오랫동안 중국에 개입해 왔다. 선교사들의 활동으로 본다면 1백년 이상 중국과 관련을 맺었으며 제2차 대전 동안 중국인이 일본의 지배로 고통당할 때 다수의 미국인은 크게 우려했다. 장제스의 국민당 정부는 무솔리니의 이탈리아만큼이나 억압적이고 비민주적이었지만 헨리 루시(Heny Luce) 등 다수의 영향력 있는 미국인은 중국을 전후 동아시아에서 민주적 통치를 위한 미국의 최선의 희망이라고 치켜세우기도 했다. 처칠도 그러한 분위기를 느꼈다. 그는 1942년 초 워싱턴에서 루스벨트와 회담한 후 미국인들이 이상하리만큼 중국을 특별하게 생각하고 있음을 알았다.

1949년 마오쩌둥의 공산당이 장제스의 국민당을 이기고 있음이 분명해졌다. 4월 말 공산군은 양쯔강(揚子江)을 넘어 국민당의 수도 난징(南京)을 점령했다. 이제 공산당이 중국 전체를 손에 넣는 것은 수개월 정도면 족할 것으로 보였다. 스탈린은 '마지못해' 중국의 동지들을 지원하고 있었다. 그것은 아마도 공산당의 완전한 승리가 미국의 개입을 초래하고 중국에게 국제공산주의 운동의 지도부 경쟁을 허용하게 될 것이라는 두려움 때문이었다.

마오쩌둥은 미국과의 관계 개선에 관심을 표명했다. 미국으로서는 혁명정부에 전혀 무관심할 수는 없었지만 장제스의 국민당과 관계를 단절하고 마오쩌둥의 신정권과 외교 및 교역 관계를 맺을 수는 없었다. 6월에 트루먼은 "공산주의자들에 대한 어떤 유화"도 보일 뜻이 없다고 선언했다. 더구나 공산당이 중국 주재 미국대사와 회담하기 위해 베이징으로 초청할 가능성을 보고받았을 때 트루먼은 미국대사가 직접 베이징으로 가는 것은 "어떤 일이 있어도 절대 안 된다"고 명령했다.11)

11) Dallek, *Harry S. Truman*, p. 94.

그러한 모색과 거부에도 불구하고 당시 미국과 중국 공산당이 화해할 기회는 사실상 없었다. 마오쩌둥이 외부로부터의 지원과 원조를 기대할 수 있는 국가는 소련이라고 판단하는 데 긴 시간이 필요치 않았다. 그는 과거에 스탈린이 큰 도움을 제공하는 것을 꺼려했으며 중국 공산군이 양쯔강을 넘는 것을 반대한 것에 대해 불만을 가지고 있었다. 그런데도 6월 마오쩌둥은 공식적으로 제국주의와 사회주의 사이에 제3의 길은 없다고 선언했다. 7월 중국의 모스크바 사절단은 스탈린으로부터 3억 달러의 차관과 군사 및 기술 원조에 대한 약속을 받아냈다. 그리고 중국이 아시아에서 사회주의 지도자의 역할을 맡기로 했다. 10월 1일 마오쩌둥은 중국인민공화국(People's Republic of China) 건국을 선언하고 미국을 미래 안보에 일차적 위험이라고 선언했다.

트루먼과 애치슨은 소련과 중국이 가까워지는 것을 막고자 했다. 그러나 중소동맹조약(Sino-Soviet alliance)을 막을 수는 없었다. 미국의 국내정치가 두 사람이 그렇게 할 수 있는 시도를 어렵게 만들었다. 공산 중국의 승인은 장제스를 지지하는 미국인들로부터 큰 저항을 초래할 것이 확실했다. 그들은 트루먼을 공산주의자들이 전 세계를 접수하도록 모든 준비를 해준 유화주의자로 공격했을 것이다.12)

트루먼과 애치슨은 중국에 대한 정책을 정리할 필요성을 이미 느끼고 있었다. 1949년 8월 『중국백서(The China White Paper)』의 발간은 트루먼 행정부의 중국정책에 대한 공식입장을 내놓은 것이었다. 1,054쪽에 달하는 『중국백서』는 국민당의 실패를 "미국의 부적절 원조 때문이 아니라" 장제스의 '부패와 무능'에서 기인한 것이라고 주장했다. 장제스 정부는 중국 인민의 충성심을 끌어내지 못했으며 마오쩌둥의 결의에 찬 군대를 감당할 군대를 갖고 있지도 않았다. 애치슨은 발간사에서 미국은 능력의 범위 안에서 결과를 바꿀 수 있는 일이 거의 없었으며 미국은 아시아에서 육전을 치를 수 없다는 점을 지적했다. 중국의 광대한 영토는 미국인이 견디기 어려운 무수한 병력과 무한정적인 자원의 투입을 요구할 것이라고 그는 주장했다. 트루먼은 『중국백서』를 통해 미국의 전후 중국 정책을 설명하고 정당화하고자 했다.13)

12) Offner, *Another Such Victory*, pp. 329~337.

13) Dallek, *Harry S. Truman*, p. 95.

『중국백서』와 애치슨의 발간사의 목적은 트루먼 행정부가 '중국을 잃었다'는 점점 커져가는 비판자들의 주장을 제압하는 데 있었다. 애치슨은 미국의 장제스 정부 지지자들인 차이나로비(China Lobby)에게 중국 공산당은 소련의 하수인에 지나지 않는다고 선언함으로써 어떤 면에서는 그들의 비위를 맞추기 위한 선물을 제공한 셈이었다. 공산당은 독립적인 중국을 대표하지도 중국 인민을 대변하지도 않으며 소련의 세계적 공산 지배를 위한 '앞잡이'로 주장되었다. 물론 애치슨이 실제로 그렇게 믿었던 것은 아니다. 애치슨은 중국 지지자들을 달래주는 것이 필요하다는 생각에서 그렇게 말했다.[14]

그러나 애치슨의 판단은 그가 구상한 중국과 소련 사이를 이간하는 '쇄기정책(wedge policy)'에 도움이 되지 못했다. 애치슨은 "중국의 소련에 대한 피지배성"을 주장했다. 애치슨은 그러한 성격규정이 중국인민을 고무하여 궁극적으로는 마오쩌둥의 지배를 거부하기를 희망했는지도 모른다. 그러나 그것은 비현실적이었다. 1949년에 이르러 중국은 그러한 코멘트를 선전에 지나지 않는다고 보았다.[15]

결국 『중국백서』는 설득력이 있는 듯했지만 중국과의 어려운 문제를 푸는 데 전혀 도움이 되지 못했으며 중국에서 잘못이 없음을 국민 대다수에게 확신시키지도 못했다. 오히려 그것은 우익을 격분시켰고 차이나로비는 그것을 행정부가 중국과 아시아에서 공산주의와 싸우는 데 관대하다

14) Dallek, *Harry S. Truman*, p. 96.

15) Dallek, *Harry S. Truman*, p. 96.

는 무자비한 공격의 발사대로서 이용했다. 또한 트루먼, 애치슨, 그리고 전체 국무부를 국제공산주의 상승 추세로부터 미국을 보호하지 못한 완전한 실패자로 낙인찍었다. 트루먼 행정부에 대한 비판자들은 『중국백서』를 미국의 동맹인 "국민당 정부의 전복을 꾀한 국무부 내의 친공산주의자들을 위한 유창한 변명"이며 "아시아를 소련 정복의 위험 속에 두는 데만 성공한" 속임수라고 비난했다.16)

16) Dallek, *Harry S. Truman*, p. 96.

1949년 12월 장제스가 대만으로 철수하자 미국에서는 장제스의 호소에 어떻게 대응해야 하느냐를 놓고 새로운 논쟁이 벌어졌다. 장제스는 공산주의 침공에 맞서 섬을 방위하고 궁극적으로 대륙으로 복귀할 수 있는 기지 건설을 도와달라고 호소했다. 트루먼과 애치슨은 대만은 동아시아에서 미국의 안보에 결정적이지 않으며, 그곳의 장제스 군대를 보호하기 위해 군사적 개입을 하지 않을 것이며, 그리고 공산당 정부를 전복하기 위해 장제스 군대가 대륙을 침공하는 것을 돕지 않아야 한다는 합동참모부의 권고를 받아들였다.

트루먼 행정부의 결정은 중국 공산당의 승리에 대해 지나치게 소극적이라는 추가적 공격을 초래했다. 트루먼과 애치슨은 1950년 마오쩌둥이 대만을 장악할 것이며 그것은 이후 중국에 대한 논쟁에서 국민당의 요소를 제거할 것이라고 내다보았다. 그리고 그것은 중소동맹을 분열시킬 수 있도록 미국이 공산 중국을 승인하게 만들 것이었다. 그러나 마오쩌둥의 침공은 발생하지 않았다. 그 결과 장제스는 미국이 지속적으로 보호해야 할 존재로 남게 되고 공산 중국은 미국의 장기적인 적대적 국가로 고정되었다.

국민당 정부의 붕괴에 대한 트루먼 행정부의 정책 변론은 상당히 비현실적이고 비합리적인 것이었다. 미국 정책의 실패에 대한 불인정과 모든 책임을 장제스의 무능과 부패에 전가하는 것은 진실여부를 떠나 행정부를 보호하기 위한 정치적 고려에서 나온 것이었다. 그러나 그처럼 중대한 사안은 안타깝게도 합리적 공적 논의로 발전하지 못했다. 미국인 64%가 『중국백서』에 대해 듣지도 보지도 못했다고 한다. 그것을 알고 있던 34%는 애치슨의 주장에 비판적이었다. 비교적 합리적인 미국인의 53%는 행정부가 국민당을 더 많이 지원하지 않음으로써 중국 내전을 다루는 데 큰 실수를 저질렀다고 생각했다. 물론 누구도 그런 도움이 정확히 어떤 효과가 있었을지 말할 수는 없지만 말이다. 11월 여론조사에서는 중국 내전에 대해 알고 있는 미국인의 20%만이 공산 중국을 인정하는 것을 원했으며 42%는 반대했다.[17]

17) George H. Gallop, *The Gallop Poll, 1935-1971*, New York: Random House, 1972, pp. 852-889.

미국은 5년 전 세계의 전체주의 세력을 패배시켰으며 당시 미국의 군사력에 견줄 만한 능력을 가진 국가는 없었다. 미국은 전 세계 부의 약 절반을 소유했으며 거의 모든 국제기구를 장악하고 있었다. 그런데 이제 새롭게 등장한 공산 중국에 대해 왜 그렇게 겁을 먹은 것일까? 미국인은 세계의 수억 인민들과 미국에 대항하는 주장들이 미국을 이기고 있다는 위협적인 현실을 자각하게 되었다. 공산주의는 자기탐닉에 힘쓰는 물질주의적이고 영혼이 없는 사회보다 가난한 사람들에게 더 많은 희망을 주는 듯했다. 중국의 사태는 정치적 영역에서 이성과 정직한 선이 실제로 행사할 수 있는 영향력이 얼마나 작은지 알 수 있는 기회를 미국인에게 제공했다.

중국의 공산화와 대만에 대한 지원을 놓고 벌어진 싸움에서 트루먼을 더욱 어렵게 만든 것은 트루먼 자신이 정실주의로 부패한 행정부를 이끌고 있다는 단정적인 주장이었다. 제1차 대전 군복무까지 거슬러 올라간 트루먼의 군 동료 번(Harry Vaughn) 장군은 친구를 위해 정부계약을 조장하고 영부인(Bess Truman)을 위해 트루먼의 고향에 부족한 냉장고를 지원한 바 있었다. 비판자들은 당시 트루먼 행정부가 히스(Alger Hiss)와 같은 공산주의자들의 조정을 받았다고 비난했다. 노골적인 대중적 비난에도 불구하고 트루먼은 친구에 대한 믿음을 갖고 있었다. 번은 트루먼이 필요할 때 웃게 만드는 재치 있는 위트와 천한 이야기에 친숙한 재미있는 동료였다. 트루먼은 번의 경솔한 언동을 이유로 해임할 의도가 있는지 질문을 받자 "그렇게 하지 않을 것이다"고 서슴없이 대답했다.[18] 정치에서 신뢰는 매우 중요한 법이다. 일단 대통령과 그의 주변 인물들이 언론과 국민에게 신뢰를 잃게 되면 효과적인 지도력을 발휘하는 것은 불가능하게 된다. 1949년 트루먼에 대해 표면화된 의심은 그의 나머지 3년의 공직생활에 어두운 그림자를 드리웠다.

18) Donovan, *Tumultuous Years: The Presidency of Harry S. Truman, 1949-1953*, New York: W. W. Norton, 1982, pp. 114-118.

1950년 1월 4일 트루먼은 연두교서를 발표하기 위해 상하합동의회에 나섰다. 전통적으로 대통령에 대한 존경의 표시로 야당과 여당 및 백악관 점유자 사이에 늘 예의가 존재했다. 그러나 그때는 달랐다. 1948년 예기치 못한 쓰라린 패배와 17년간 지속된 민주당 대통령, 그리고 트루먼 2기의 3년을 보내면서 공화당은 나라의 안보를 위태롭게 하고 있는 행정부에 대한 분노를 억누를 수가 없었다. 트루먼의 비판자들은 소련의 동유럽 지배, 소련의 원자폭탄 보유, 그리고 중국의 상실로 분노했다. 그들은 트루먼을 국내외의 공산주의 위험을 감당하기에는 형편없는 근시안적 인물로 보았다. 그러나 공화당은 그러한 위험에 어떻게 대응할 것인지에 대한 어떤 대안도 가지고 있지 않았다. 그런데도 트루먼이 제대로 하지 못한다고 대통령의 성과를 매도했다.

대통령이 나라의 상태가 좋아졌으며 유럽과 중동의 위험도 감소하고 있다고 주장하자 민주당은 박수치고 야당은 침묵했다. 하지만 대통령이 이전의 공화당 의회에서 감세로 인해 국내외의 임무를 감당하는 데 자금이 충분치 못했다고 불평하자 야유와 조롱, 경멸적인 웃음이 터져 나왔다. 트루먼은 연설을 잠시 중단하고 미소를 지었지만 그의 얼굴은 분노로 빨개졌다. 트루먼은 그의 임기의 나머지동안 유사한 공격을 수없이 받아야 했다.

트루먼 행정부에 대한 가혹한 공격은 1월 22일 배심원이 히스가 정부문서를 챔버스에게 건네준 것을 위증으로 판결했을 때 가해졌다. 애치슨이 히스에게 등 돌리기를 공식적으로 거부하자 행정부가 공산주의자 관리들을 보호하고 있으며 공산주의와의 싸움에 대한 행정부의 결의를 의심하는 비판자들의 주장이 마치 옳은 듯이 보였다. 닉슨은 백악관이 히스와 행정부 내의 다른 공산주의 공모자들에 관한 진실을 숨기고자 용의주도하게 움직이고 있다고 비난했다. 위시콘신의 매카시(Joseph McCarthy) 상원의원은 애치슨의 히스에 관한 성명이 "국무부 내의 다른 공산주의자들"을 배신하지 않겠다는 뜻인지 알고 싶다고 말했다. 네브래스카의 버틀러(Hugh Butler) 공화당 상원의원은 애치슨을 인격적으로 매도했다. 그가 보기에 애치슨은 약삭빠르고 거만하고 모든 것이 마음에 들지 않았다. 그래서 그는 애치슨을 향해 "꺼져! 꺼져!" "당신은 수년 동안 미국에서 잘못된 모든 것을 의미한다"고 소리치고 싶어 했다.19)

19) McCullough, *Truman*, pp. 759-761.

2월 4일 영국이 물리학자 푹스(Klaus Fuchs)를 소련 간첩에게 비밀을 건네준 혐의로 체포했다고 발표하자 공화당과 비판자들은 행정부를 다시 맹공하기 시작했다. 푹스는 미국의 원자폭탄 개발사업 맨해튼프로젝트에서 일한 바 있었다. 그것은 민주당이 공산주의 간첩활동으로부터 나라를 보호하는 데 느슨하거나 공모했을 것이라는 믿음에 힘을 보태준 또 하나의 뉴스였다.

히스와 푹스의 사건은 수소폭탄 제조를 향한 트루먼의 결정에 상당한 영향을 주었다. 대통령은 해외의 위험에 대한 국내의 역류 현상에 제대로 대응하지 못했다. 그러나 트루먼은 또한 국내의 정치적 비난 속에서 소련이 챙길 이익에 대한 순수한 두려움을 갖고 있었다. 그래서 트루먼이 수소폭탄 개발을 추진하도록 결정하는 데 간첩사건과 그로 인한 행정부에 대한 비난이 한몫했다.

트루먼은 수소폭탄 제조의 결정과 동시에 미국이 추정한 소련의 세계정복 계획과 능력으로부터 미국을 지키는 데 필요한 방위 사항을 연구하도록 했다. 국가안보회의 문서

제68호(NSC-68)의 명칭이 붙여진 보고서가 4월 완성되어 트루먼에게 보고되었다. 그 보고서는 소련이 "미국과는 상반되는 새로운 환상적인 믿음"으로 "여타 세계에 대한 절대적 권한"을 수립하는 목표를 추구한다는 가정에서 출발했다. NSC-68의 목적은 소련 체제가 궁극적으로는 시들어 죽을 것이라는 희망 속에서 단순히 소련을 봉쇄하는 것이 아니라 경쟁적 냉전 속에서 그것을 패배시킨다는 적극적 전략을 제시하는 것이었다. 이를 위해 연간 방위지출은 143억 달러에서 500억 달러로 국민총생산의 5%에서 20%로 약 4배 증가를 요구했다. 보고서는 소련과의 협상을 배제하지 않았다. 그러나 어떤 대화도 분명한 군사적 우위에서 이루어질 것이었다. 그것이 소련으로 하여금 양보 혹은 세계정복에 대한 계획으로부터 입장을 바꾸도록 만들 것이라는 믿음에서였다.

그러나 보고서는 소련을 위협할 수 있는 상황을 만드는 것 말고도 대통령에게 "충격을 주어 대통령이 결정을 하고 그 결정이 이행될 수 있도록" 하는 데 그 목적이 있었다.[20] 말하자면 보고서는 트루먼과 재정적 보수주의자들로부터 방위지출의 엄청난 증가에 대한 저항을 극복하기 위해 애치슨과 국무부 정책기획실(PPS)이 만든 작품이었다.

[20] Dean Acheson, *Present at the Creation: My Years in the State Department*, New York: W. W. Norton, 1969, p. 374.

그러나 국민은 소련의 의도에 대한 행정부의 평가에 대해서는 별로 반응하지 않고 매카시 상원의원과 같은 트루먼의 비판자들이 불러일으킨 공산주의의 두려움에 대해 더욱 민감하게 반응했다. 매카시는 국내 공산주의자들의 위험에 대해 확신에 찬 목소리로 말했다. 1950년 2월 웨스트 버지니아 휠링(Wheeling)의 공화당여성클럽에서 행한 연설에서 매카시는 국무부에 205명의 공산주의 간첩이 암약하고 있다고 고발했다. 자신이 백악관으로 보냈다고 주장하는 한 전문을 내보이며 매카시는 현재 국무부에 있는 57명의 공산주의자들의 명단을 자신이 가지고 있다고 말했다. 1주일 뒤 상원에서의 발언에서 그 수는 81명으로 증가했다. 언론이 매카시의 단정적 주장을 대대적으로 보도했기 때문에 상원은 그의 고발에 대한 청문회를 열지 않을 수 없게 되었다.

그러나 공산주의의 위험에 대한 확실한 증거라고 매카시가 주장한 것은 너무 애매했다. 그래서 그는 공산주의 공포가 국민 속에 널리 퍼진 상황을 자신과 공화당의 정치적 이익을 위해 이용한 정치적 기회주의자로 보일 수 있었다. 트루먼은 당시는 물론이고 그 이후에도 매카시를 사기꾼이라고 무시했다. 트루먼이 보기에 매카시는 "거친 비난으로 자신의 약점을 숨겨야 하는 병적인 거짓말쟁이"였다. 그리

고 그는 매카시의 공격을 1950년 의회선거운동의 일부로 규정했다.21)

21) Robert J. Donovan, *Conflict and Crisis: The Presidency of Harry S. Truman, 1945~1948*, New York: W. W. Norton, 1977, pp. 166·168.

트루먼은 매카시의 갑작스런 주장을 1919~1920년의 적색공포와 같은 종말론적 위험에 대한 국민적 공감을 다시 불러일으키려는 것으로 생각했다. 당시 러시아에서 일어난 볼셰비키혁명은 전 세계의 기존 제도와 권위를 무너뜨릴 것으로 전망되었다. 그러한 두려움과 공포는 미국 사회에도 널리 퍼졌다. 무정부주의자들이 등장하여 월스트리트를 폭파시키겠다고 위협했다. 미국의 기업가들과 정치가들은 시민의 자유에 대한 정지와 급진적 외국인의 추방을 지지했다. 정부 기관들은 공산주의 혐의가 있어 보이는 사람들을 무차별적으로 체포하고 조사했다. 유사한 공포가 1940년대 말과 1950년대 초에 다시 표면화된 것이다.

트루먼은 매카시가 초당적 대외정책을 무너뜨리고 소련에게 도움을 주고 있다고 보았다. 초당적 외교는 냉전 외교에서 국내의 정치적 분열을 막고 소련과 공산주의 위협에 효과적으로 대응하기 위한 미국 대외정책의 전통이었다. 그런데 매카시는 국내정치의 분열을 획책하고 오히려 소련에게 도움을 주고 있었다. 1954년 매카시의 무자비한 진실 남용과 텔레비전으로 방영된 의회청문회에서의 사악하고 비생산적인 행위가 드러나면서 매카시는 스스로 몰락했다. 그리고 그것은 트루먼의 매카시에 대한 인식이 옳았음을 입증했다.

그러나 매카시의 등장과 몰락은 단지 그 개인의 문제가 아니라 1950~1954년 사이 미국인의 마음에 큰 상처를 남겼다. 공산주의 위협이 미국의 생존에 중대한 위협이 되지 않은 상황에서 실체가 없는 혐의로 많은 공직자와 국민을 의심하고 적대시하는 국민적 정서가 조성되었다. 매카시가 조장한 과장된 두려움은 미국을 더욱 닫힌 사회로 만들었다. 내부적·외부적 위험에 대한 대응을 놓고 벌어진 정당 간의 무자비한 공격과 비애국적 행위에 대한 정치적 비난을 쉽게 수용한 국민적 취약성이 정치적으로 이용되는 현실은 미국의 정치사에서 가장 추악한 부분으로 기록되었다.

# 7장 트루먼과 한국전쟁

### 전쟁의 정치

## 전쟁의 정치

　공산주의 위협에 대한 미국인의 병적인 두려움은 미국과 동아시아 국가들 간의 관계에 극적인 변화를 가져왔다. 1948년 이후 유럽과 지중해에서 소련의 위협이 봉쇄되고 있다고 판단한 트루먼 행정부의 걱정은 1949년부터는 서태평양 쪽으로 그 초점이 옮겨졌다. 한때 미국의 친구였던 중국이 갑자기 미국의 최대의 적으로 등장했다. 중국은 동아시아 전체로 영향력을 확대하려는 것으로 보였다.

　미국은 동남아시아에서 영국, 프랑스, 네덜란드가 민족자결을 목표로 보다 자유주의적인 정책을 통해서 그들의 식민지에 대한 전통적인 역할을 하기를 기대했다. 그러나 아시아인의 유럽인에 대한 불신은 더욱 깊어갔고 민족해방운동은 더욱 결렬한 방식으로 전개되었다.

　한국은 트루먼 행정부의 변화된 입장이 가장 잘 투영된 곳이었다. 1945년 점령 초부터 미국은 한국의 자치와 장래에 대한 책임을 유엔에 떠넘기고 한국에 대한 미국의 연루를 제한하고자 했다. 1948년 대한민국이 수립되고 이듬해 6월 미군이 한반도로부터 철수했다. 전략적으로 이익이 되지 않는다는 이유에서였다. 그러나 국무부는 한국을 정치적으로 매우 중요하다고 보았다. 미국의 그러한 애매한 입장은 고위 공직자들의 사적 혹은 공적 성명에서 자주 드러났다. 1950년 1월 애치슨의 '방위선(defensive perimeter)' 선언이 그 한 예다.

1949년 트루먼과 애치슨 국무장관

한편 북쪽에서는 조선민주주의인민공화국이 수립된 직후 소련군이 철수하자 김일성의 주도하에 남한에 대한 무력 침공 도모를 위한 작업에 착수했다. 북한의 남한에서의 게릴라부대 활동과 38선 부근에서 남북 간의 소규모 충돌은 늘 있는 일이었다. 그러나 그것은 겉으로 보여지는 것일 뿐 김일성은 비밀리에 전면적인 군사작전을 준비했다. 김일성은 1949년 3월, 8월, 9월, 그리고 다시 1950년 1월 스탈린을 압박하고 설득한 끝에 남한 공격을 허락받았다. 스탈린은 처음에는 김일성의 요구를 들어주지 않았다. 무엇보다 미군이 주둔하고 있다거나 다시 개입할지 모른다는 우려 때문이었다. 그러나 스탈린은 1950년 1월 말 결국 김일성의 끈질긴 요구에 굴복하고 말았다. 스탈린이 왜 그때 생각을 바꾸게 되었는지 그 이유는 분명치 않다. 그러나 미군의 철수와 미국의 아시아 방위선에서 한국을 배제한다는 애치슨의 성명, 그리고 소련의 원자폭탄 실험과 중국에서 마오쩌둥의 승리가 중요하게 작용했을 것이라는 추측은 가능하다. 그렇더라도 스탈린이 남한을 손에 넣을 생각을 했는지는 알 수 없다. 미국이 결코 그것을 용납하지 않을 것임을 스탈린은 알고 있었기 때문이다.

1950년 6월 25일 북한군은 국민의 지지를 잃은 이승만 정부를 미국의 식민지 대리인이라고 비난하면서 38선을 넘었다. 김일성은 한국을 통일하고 민주적 선거로 한국의 독립을 지키겠다고 약속했다. 그러나 북한 침공은 동족상잔의 비극과 분단의 영속화를 예고하는 것이었다.

트루먼은 어려운 선택에 직면했다. 미군 철수와 재투입 사이에는 트루먼 행정부의 한국에 대한 정책적 모순이 내재되어 있었다. 트루먼의 결정과정에는 북한 침공에서 소련의 역할, 전장의 범위, 유엔에서 결의를 끌어내는 방법, 의회의 승인을 얻을지 여부 등의 문제가 있었다. 그러나 트루먼의 고민은 길지 않았다. 그는 일단 북한군의 진격을 막기 위해 유엔의 이름 아래 미군을 투입하기로 결정했다.

그것은 국내는 물론 국제적 상황을 충분히 고려한 결과였다. 트루먼과 애치슨은 북한군의 침공을 1939년 히틀러의 폴란드 침공과 비교했다. 그리고 과거에 실패했던 유화정책(appeasement)을 교훈으로 삼았다. 트루먼은 북한이 미국의 동맹국을 넘어뜨리는 것을 허용한다면 이는 소련에게 손쉽게 세력을 확대할 수 있다는 그릇된 신호를 보내는 것을 의미한다고 생각했다. 소련은 유럽과 중동 그리고 다른 지역에서 세력 팽창을 시도할지도 몰랐다. 그것은 또한 소련이 중국에 영향력을 확대하고 나아가 동남아시아를 지배하려는 야심을 자극할 수 있었다. 그렇게 되면 일본 공산당을 대담하게 만들 수 있고 일본이 미국의 궤도 안에 계속 있으리라는 보장도 없게 될 것이었다. 트루먼에게 "한국은 극동의 그리스"였다. "만약 미국이 방관한다면 소련은 이란으로 들어가고 중동 전체를 접수할 것이다. 미국이 지금 싸움을 하지 않는다면 소련은 무슨 짓을 할지 알 수 없다"고 트루먼은 생각했다. 그는 북한의 침공을 단지 지역 문제로

만 보지 않고 소련과 세계 공산주의의 불길한 움직임으로 판단했다.[1]

[1] Robert Dallek, *Harry S. Truman*, *The American Presidents* in eds., Arthur M. Schlesinger, Jr & Sean Wilents, New York: Henry Holt & Company, 2008, p. 106.

트루먼은 북한의 침공을 국내의 정치적 지형을 유리하게 변화시키는 데 이용하고자 했다. 남한이 패배한다면 그것은 트루먼 행정부를 공산주의 협력자로 규정한 우익의 공세를 강화시킬 것이었다. 중국의 공산화와 매카시의 이념 공세가 트루먼과 그의 행정부를 거의 초토화시키고 있는 상황에서 우익에게 새로운 공격수단을 제공하는 것은 치명적인 실수가 될 것이었다. 그래서 트루먼은 북한의 침공에 대응하여 미국이 신속하게 움직이는 것이 얼마나 중요한지 잘 알고 있었다. 북한의 침공을 보고 받은 직후 그는 개인적으로 단호한 응징을 결심했다. 그러나 미국이 명분과 모양새를 갖추는 것도 중요했다. 소련과 미국 국내의 반대 세력의 비판을 염두에 두는 한편 미국의 행동을 합리화하기 위함이었다.

미국은 유엔 안보리가 아니라 유엔총회를 통해 미군을 투입하기로 했다. 당시 소련은 유엔이 마오쩌둥의 정부를 중국의 정통 정부로 승인하지 않는 데 항의하여 안보리에 불참하고 있었다. 그러나 트루먼은 소련이 거부권을 행사할지도 모른다고 생각했다. 그래서 총회를 선택했다. 사실 미국은 북한의 침공 직후 소련에게 공식적으로 관련이 있는지 물은 바 있었다. 소련은 무관함을 확인해 주었다. 그리고 소련은 유엔의 결의에 반대할 생각도 없었다. 소련이 거부권을 행사한다면 북한 침공의 배후에 소련이 있다는 혐의를 스스로 인정하는 꼴이 될 수 있었기 때문이다. 스탈린은 어쩌면 소련이 아니라 중국이 등 뒤에 있으며 소련은 미국과 대결할 의사가 없다는 '신호'를 미국에게 보내고자 했을 것이다.2) 어떻든 소련의 그러한 태도는 미국이 마음껏 행동할 수 있는 여건을 제공해주었다.

| 2) Dallek, *Harry S. Truman*, p. 106.

미국 대통령은 전쟁을 선언할 때 상원의 승인을 얻어야 하는데 트루먼은 그렇게 하지 않았다. 그의 행동은 의회와 헌법을 무시했다는 비난을 받을 소지가 충분했다. 트루먼은 그러한 비난을 비껴가기 위해 미군의 투입이 전쟁이 아니라 '경찰행위(policy action)'이며 미국은 "전적으로 유엔을 위해 일하고 있다"고 선언했다. 트루먼은 기자의 질문에 미국은 "산적의 침입을 진압하기 위해" 유엔과 협력하여 정확히 경찰행위를 하고 있다고 말했다. 경찰행위는 의회 승인이 필요하지 않았다. 트루먼은 의회의 논의와 결의를 얻는 과정에서 상당한 정치적 공격을 받을 것을 우려했다. 반대자들은 트루먼이 중국과 아시아에서 공산주의를 다루는 데 실패하고 있다며 불만을 쏟아낼 것이 분명했기 때문이다.3)

3) Burton Kaufman, *The Korean War*, Philadelphia: Temple University Press, 1986, pp. 1~30.

북한의 기습은 성공했다. 미군 전략가들과 국무부 관리들은 국방군이 남한을 지킬 수 있고 북한의 어떤 공격도 격퇴할 수 있을 것으로 가정했다. 그러나 놀랍게도 인민군은 국방군을 패주시켰다. 인민군은 신속히 서울을 장악하고 한반도 전체를 차지할 것처럼 보였다. 아시아 주둔 미군 총사령관 맥아더(Douglas MacArthur) 장군이 6월 29일 한국전선을 방문했다. 그는 인민군의 진격 속도로 보아 일본에 주둔하고 있는 미 육군을 이동 배치하는 것이 필요하다고 판단했다. 트루먼은 맥아더의 요구를 받아들였고, 6월 30일 연대 규모의 전투병이 신속 배치되고 이어서 추가 병력이 한국에 파견되었다.

1950년 6월 29일 한국전선을 둘러보는 맥아더 장군

트루먼과 애치슨은 한국을 지키는 것이 다른 지역에서 추가적인 공산주의의 팽창을 막는 데 매우 중요하다고 보았다. 그들은 스탈린과 마오쩌둥에게 미국은 어느 곳이든 공산주의 침략에 맞설 준비가 되어 있음을 보여주고자 했다. 그것이 또한 국내의 지지자와 반대자 모두를 안심시키고 서방의 우방과 일본, 그리고 미국 세력권 내의 우익 세력의 걱정을 덜어줄 것으로 판단했다. 트루먼은 미국이 신뢰를 잃으면 모든 것을 잃게 될 것이라고 생각했다.

미군은 제2차 대전이 끝난 5년 뒤에 다시 그 힘을 발휘했다. 몇 주 내에 미군은 인민군의 진격을 저지하고 역전시키기 시작했다. 1950년 9월 18일 북한과 중국이 예상은 했지만 제대로 방비하지 못한 인천으로 미군과 연합군이 상륙했다. 이로써 전세는 완전히 역전되었다. 맥아더는 남쪽의 인민군을 차단하고 북으로 밀고 올라갔다. 9월 29일 맥아더와 국방군은 서울을 탈환하고 10월 초에는 김일성의 군대로부터 남한을 해방시켰다.

당시 트루먼이 직면한 중대한 사안은 미군이 38선을 넘어 김일성 군대를 패배시키고 북한을 공산주의 지배로부터 벗어나게 해야 하느냐였다. 이미 9월 11일 트루먼은 맥아더에게 38선을 넘을 준비를 하도록 명령을 내렸다. 트루먼의 판단은 북한 군대가 패배하더라도 소련과 중국이 개입을 꺼릴 것이라는 확신에 근거했다. 트루먼은 미국과 자유세계에게 소련 블록으로부터 영토를 탈환할 기회라고 생각했다. 아마도 그것은 공산주의에 대한 반격과 해방을 바라는 사람들에게 희망을 줄 것이었다. 그러나 그것은 끔찍한 결과를 초래한 극히 낭만적인 시도였다. 더구나 북진은 유엔의 경찰행위의 범위를 넘어서는 것이었다. 그리고 중국은 이미 미국의 북진이 중국의 안보에 대한 심각한 도발이라고 경고한 바 있었다. 소련은 9월에 휴전과 국제적 감시 하의 선거를 통한 한국의 통일을 유엔에서 논의할 것을 제안하고 나섰다.[4]

4) Melvyn Leffler, *A Preponderance of Power: National Security, the Truman Administration, and the Cold War*, California: Stanford University Press, 1992, pp. 374~378.

트루먼이 미군의 작전 범위를 확대하여 북진을 고민할 때 국내정치적 고려도 작용했다. 의회선거는 한 달 정도 남아 있었다. 그런 상황에서 미국이 지지하고 유엔이 승인한 국가를 노골적으로 침략한 공산 정권을 무너뜨릴 기회를 포기한다면 그것은 공화당이 트루먼과 민주당을 공격할 정치적 기회가 될 것이었다. 더구나 갤럽조사 응답자의 64%가 북한군을 38선 위로 밀어내고 북한이 항복할 때까지 계속 싸우기를 원했다.[5]

5) George H, Gallop, *The Gallop Poll, 1935-1971*, New York: Random House, 1972, p. 943.

트루먼은 38선을 넘는 쪽으로 마음을 정했다. 그렇다고 소련과 중국의 직접 개입 가능성을 고려하지 않을 수는 없었다. 그래서 상황을 조심스럽게 검토하고 일을 진행시키고자 했다. 맥아더는 소련군이나 중공군이 북한에 나타나면 미군은 북한으로의 진격을 멈추자는 의견을 냈다. 그러나 소련군과 중공군이 나타나면 국방군을 앞세우고 미군은 그들과 직접 부딪치지 말아야 한다는 주장도 나왔다. 케넌은 38선을 넘어 불필요하게 중국과 소련을 자극하여 확전으로 가는 것에 반대했다. 중국은 언론과 외국 대사관들을 통해 북한에 대한 침공은 중국의 개입을 불러올 것이라고 반복하여 경고했다.6) 고민 끝에 트루먼은 10월 14일 태평양의 웨이크 섬(Wake Island)에서 맥아더 장군과 만나 관련 문제를 상의하기로 결정했다.

6) Dallek, *Harry S. Truman*, p. 108.

1950년 10월 웨이크 섬에서 맥아더와 만난 트루먼

대통령이 워싱턴에서 7천 5백마일이나 떨어진 곳까지 여행하고 전장과도 멀리 떨어진 곳으로 사령관을 부른 동기는 매우 복합적인 것이었다. 그는 맥아더를 직접 보고 싶어 했다. 미군의 북진 과정과 결과 그리고 전망에 대한 맥아더의 평가를 직접 듣고 판단하기 위해서였다. 그러나 트루먼이 보다 중요시한 것은 아마도 "미국의 전쟁 영웅과 사진 찍을 기회"를 잡는 것이었다. 그것이 한 달도 채 남지 않은 중간선거에 도움이 될 것이다.[7]

7) Alonzo L. Hamby, *Man of the People: A Life of Harry S. Truman*, New York: Oxford University Press, 1995, pp. 542~546.

트루먼은 웨이크 섬 회담 이전부터 맥아더와 논전을 벌였기 때문에 그에게 좋은 인상을 갖고 있지 않았다. 8월 맥아더는 대만을 방문하여 장제스와 만나 아시아 공산주의에 대한 대항마로서 장제스를 인정하지 않은 데 대해 트루먼 행정부를 공개적으로 비난했다. 이에 트루먼은 맥아더에게 그것을 철회하도록 요구했다.

이후의 사건들은 맥아더가 트루먼을 무시하고 일방적으로 매도한다는 인상을 주기에 충분했다. 트루먼과 맥아더의 불화는 점점 깊어 갔다. 트루먼은 1972년 전기 작가 밀러(Merle Miller)에게 맥아더를 "우둔한 개자식"이라고 부르면서 웨이크 섬에서 맥아더는 대중 앞에서는 거만했지만 자신과 "회담할 때는 굽실거렸다"고 주장했다.[8] 그러나 트루먼의 말은 상당 부분 사실과 다르다.

8) Merle Miller, *Plain Speaking: An Oral Biography of Harry S. Truman*, New York: Berkeley Publishing, 1973, pp. 308~317.

트루먼과 맥아더의 회담은 예의를 갖춘 것이었다. 맥아더는 대통령에게 한국에서의 승리는 눈앞에 있으며 중국의 개입 가능성은 낮다고 보고했다. 만약 중국이 개입하면 '최대의 살육'을 당할 것이라고 예상했다. 그리고 맥아더는 1951년 1월까지 사단 병력을 유럽으로 이동할 수 있을 것이라고 보장했다.

트루먼은 맥아더의 신속한 성공에 대한 낙관적 전망을 의심하지 않았다. 트루먼으로서는 한국에서 맥아더의 성공이 곧 자신의 정치적 이익이 될 것이기 때문에 그렇게 믿고 싶었을 것이다. 그러나 "전쟁이 추수감사제까지 끝날 것이고 크리스마스 때까지는 군대를 일본으로 뺄 것이다"라는 맥아더의 보고는 오판이었다. 나중에 트루먼은 맥아더를 공격하기 위해 이 점을 부각시켰다.[9]

9) Dallek, *Harry S. Truman*, p. 109-110.

대통령과 미군사령관 간의 회담에 관한 공식 성명과 진술은 두 사람이 완전히 합의했음을 보여주었다. 하지만 일단 미군이 38선을 넘어서자 맥아더는 미군을 중국과 소련의 국경 지역으로 접근시키지 말라는 상부의 명령을 무시했다. 맥아더는 국경지역 접근이 작전 성공을 위해 본질적이라고 합동참모부에 설명했다. 맥아더의 행동은 항명이었다. 그러나 국방성과 백악관은 그를 질책하지 않았다. 인천에서의 승리 이후 맥아더의 권위에 도전하기 어려웠을 뿐만 아니라 불필요한 정치적 논쟁에 휘말릴 것으로 판단했기 때문이다.

하지만 전장의 상황은 바뀌고 있었다. 10월 마지막 주에 중공군이 만주로부터 북한으로 들어왔다는 보고가 접수되었다. 그리고 11월 첫 주에 이르러 미국 정보기관은 4만 명의 중공군 병사가 전투에 참가하고 있다고 추정했다. 11월 5일 맥아더는 언론에 중공군이 참전했으며 만주에 보다 많은 군대가 집결하고 있다고 발표했다. 맥아더는 중공군의 이동을 막기 위해 압록강 다리의 폭파를 허락해줄 것을 상부에 요청했다. 트루먼은 이제 전혀 다른 새로운 전쟁에 직면해 있음을 직감했다. 그는 맥아더의 요청을 허락하는 것 이외에 선택이 없다고 판단했다. 그러나 트루먼은 반드시 피해야 하는 중국 혹은 소련과의 확전을 불러오지 않도록 만주에 대한 공습만을 피하도록 지시했다.

한국에서의 상황이 악화되고 있던 즈음에 국내에서는 다른 사건이 트루먼을 괴롭혔다. 푸에르토리코(Puerto Rico) 민족주의자 2명이 대통령을 암살할 의도로 뉴욕에서 워싱턴으로 향한 것이다. 그들은 대통령의 암살로 푸에르토리코 독립의 필요성을 세계에 보여주고자 했다. 푸에르토리코는 1898년 미서전쟁 이후 미국이 줄곧 지배해왔던 곳으로 독립한 쿠바와는 달리 반자치적 상태로 남아 있었다.

11월 1일 두 사람은 영빈관(Blair House)에서 대통령을 경호하는 경찰을 공격했다. 백악관이 수리되는 동안 트루먼은 그곳에서 거주하고 있었다. 그러나 암살자 중 한 명은 사살되고 다른 한 명은 영빈관으로 들어가 대통령을 쏘기 직전에 붙잡혔다. 붙잡힌 자는 살인죄로 기소되어 1952년 사형 선고를 받았다. 트루먼은 그를 종신형으로 감형시켰으며 나중에 카터 대통령이 사면해 주었다.

트루먼은 끔찍한 사건 이후 그의 일기에 "대통령으로 사는 것은 지옥이다"라고 털어놓았다. 그리고 그는 절친한 친구에게 보낸 편지에서 자신은 "지금 진실로 죄수"와 같다고 말했다. 그에게 기분전환이 되었던 아침 산책은 이제 어렵게 되었다. 재무부 감찰국은 영빈관에서 대통령 집무실까지 짧은 산책조차도 방탄차를 이용해야 한다고 고집했다. 암살미수 사건은 트루먼에게 큰 충격이었고, 이후 그는 늘 불안해했다.10)

10) Dallek, *Harry S. Truman*, p. 111.

11월 7일 새로운 의원을 뽑기 위한 중간선거가 실시되었다. 정치적으로 공화당이 유리한 상황이었다. 중간선거의 경우 대체로 집권당에게 불리하기 마련이지만 당시 트루먼과 민주당은 전쟁비용과 인플레 때문에 강요된 증세로 큰 정치적 부담을 갖고 있었다. 중국이 한국전쟁에 개입한 사실이 확실해지면서 그것이 제3차 세계전쟁으로 확대될 것이라는 소문으로 이어졌다. 사실 미국인 다수는 이미 8월 중공군이 참전하기 훨씬 이전에 미국이 제3차 대전에 직면해 있다고 생각했다. 그러나 막상 중공군의 개입이 확인되자 전쟁의 공포는 트루먼과 그의 행정부에 대한 불신을 증폭시켰다.

선거 쟁점은 대통령과 민주당이 소련과 중국 공산주의자들에게 약하게 대응함으로써 북한의 침략을 고무했다는 악랄한 공격이 주를 이루었다. 매카시 공화당 상원의원은 한국에서 벌어지고 있는 상황에 대한 책임을 "소련 그리고, 애치슨과 대통령을 포함하여, 재무장을 방해한 사람들의 탓"이라고 주장했다. 그는 트루먼과 애치슨을 소련과 한통속으로 몰아 매도한 것이다. 매카시는 각별히 메릴랜드의 타이딩스(Millard Tydings) 상원의원을 겨냥했다. 타이딩스는 매카시의 왜곡된 비난을 강력히 성토했다. 그러나 그는 매카스의 상대가 못 되었다. 매카시는 타이딩스와 브라우더(Earl Browder) 미국 공산당 지도자가 대화하는 사진을 조작하여 공개함으로써 타이딩스가 공산주의 연루자라는 인상을 유권자에게 심어주었다. 타이딩스는 결국 재선에 실패했다.[11]

매카시즘의 또 다른 희생자는 캘리포니아의 더글러스(Helen Gahagan Douglas) 상원의원 후보였다. 닉슨의 선거

---

11) David McCullough, *Truman*, New York: Simon & Schuster, 1992, pp. 808~814.

운동원들은 그녀에게 '핑크 레이디(Pink Lady)'라는 딱지를 붙여 공산주의자로 몰아세웠다. 결국 민주당은 공화당에게 상원에서 5석, 하원에서 28석을 내주고 말았다. 그러나 그것은 단순히 민주당의 패배를 의미하지만은 않았다. 그것은 정치는 실종되고 반공산주의 광풍이 미국 정치를 지배하는 서글픈 현실을 웅변했다. 1950년 11월에 치러진 선거는 한마디로 '매카시즘의 승리'였다.

트루먼은 선거 패배에 좌절하고 분노했다. 유권자들이 트루먼 행정부의 경제 및 대외정책이 실패한 것에 실망한 것은 사실이었다. 그러나 그것보다 국민들이 매카시즘 속에서 놀아났다는 사실에 트루먼은 더 화가 났다. 국민을 속이는 선동가나 그것에 속고 있는 국민들이 너무나 밉고 야속했다.[12]

12) Dallek, *Harry S. Truman*, p. 112.

선거에서 패배한 트루먼이 기대할 수 있는 한 가닥 희망은 한국에서의 승리였다. 그렇게 된다면 우익과 매카시즘의 칼바람을 누그러뜨릴 수 있을 것이었다. 그러나 11월 말에 이르러 한국의 상황은 호전은커녕 재앙으로 바뀌었다. 11월 초에 중공군은 최초의 공세 이후 압록강을 넘어 퇴각하는 듯했다. 그래서 맥아더는 총공세를 준비했고, 11월 24일 합동참모부의 승인도 받지 않고 공격을 개시했다. 맥아더는 군대를 둘로 나누어 한반도의 서쪽과 동쪽으로 진격하게 했다. 합동참모부는 위험한 전략이라고 판단해 압록강으로 진격하지 말라고 경고했지만 맥아더는 무시했다.

결국 맥아더는 중공군의 덫에 걸려들고 말았다. 작전을 개시하고 4일째 되는 날 그는 그의 군대가 중공군에 포위되어 있음을 깨달았다. 맥아더는 합동참모부에 미국이 이제 '완전히 새로운 전쟁(an entirely new war)'에 직면했다고 보고했다. 맥아더는 미군을 보강하고 대만의 장제스 군대를 소집해 만주의 중국기지를 폭격하고 압록강을 넘어 중국 전투기를 추격할 수 있도록 허락해 달라고 상부에 요청했다. 확전을 우려하고 있던 트루먼과 수석 보좌관들은 맥아더의 보고에 크게 놀랐다. 당시 확전은 공산주의 국가들과의 전쟁을 유발할 수도 있는 상황이었기 때문이다. 백악관이 그의 요청을 거부했을 때 맥아더는 언론에 자신이 "역사상 유래가 없는 엄청난 어려움" 속에서 작전을 펼치고 있다고 주장하며 악화된 전쟁 상황의 책임을 백악관과 합동참모부에 떠넘겼다.[13]

13) Leffler, *A Preponderance of Power*, pp. 398~400.

군사보좌관들을 포함한 11월 28일 각료회의에서 트루먼과 애치슨은 확전을 피함과 동시에 한국에서의 전선을 고수하는 쪽으로 방침을 정했다. 그러나 이틀 뒤 기자회견에서 트루먼은 자신의 결의가 군건함을 국민에게 보여주기 위해 원자폭탄 사용을 긍정적으로 고려하고 있다고 말했다. 트루먼은 원자폭탄 사용에 대한 유엔의 승인은 불필요하며 "야전군 사령관이 핵무기 사용의 책임을 맡게 될 것"이라고 선언했다.14) 자신에 찬 그의 발언은 안도감은커녕 미국민은 물론 유럽 및 아시아 동맹 모두를 불안하게 만들었다.

14) Dallek, *Harry S. Truman*, p. 113.

트루먼의 원자폭탄 사용 가능성 언급에 깜짝 놀란 애틀리(Clement Attlee) 영국 수상은 재빨리 백악관으로 날아와 미국의 입장에 반대했다. 그는 미국이 중국과 휴전협상을 진행하는 한편 소련이 유럽 침략을 정당화하는 것을 막기 위해 한국에서 미군을 철수시키도록 트루먼에게 압력을 넣었다. 그러나 트루먼과 애치슨은 미군 철수 요구에 단호히 반대했다. 미군 철수는 한국만이 아니라 동남아시아 전체를 공산주의에게 내주게 만들 것이라고 그들은 주장했다. 트루먼은 애틀리에게 자기만이 원자폭탄 사용을 승인할 수 있음을 강조하며 현재 그럴 의도가 없다고 해명했다. 또한 그런 행동을 취하기 전에 영국과 꼭 협의하겠다고 약속했다. 트루먼과 애치슨은 확전을 피한다는 그들의 결심을 강조하며 당시 미국의 정치적 분위기 때문에 한국에서 계속 싸우는 것 이외에 선택의 여지가 없다는 것도 설명했다.

비록 한국의 상황이 트루먼에게 상당한 압박을 주었지만 그것은 견딜 만한 것이었다. 그러나 12월 5일 그의 옛 친구

로스(Charlie Ross)가 심장마비로 갑자기 사망하자 트루먼은 상실감으로 언론에서 성명서를 읽을 수조차 없을 정도였다. 트루먼의 정신이 매우 혼란스러운 상태라는 것은 다음 날 그가 워싱턴포스트(Washington Post) 음악평론가에게 보낸 편지에서 분명하게 드러났다. 그 평론가는 트루먼의 딸 마가렛(Margaret)의 보컬 공연을 통렬하게 비판한 글을 실었다. 이에 분노한 트루먼이 평론가에게 보낸 편지가 언론에 실렸다. 나중에 트루먼은 그때 자신의 기분을 "만약 내가 그에게 손을 댈 수 있었다면 그의 턱을 부셔버리고 불알을 차버렸을 것이다"라고 밝혔다.[15]

15) Miller, *Plain Speaking*, p. 87.

한국전쟁의 상황과 편지 사건은 대통령에 대한 국민의 지지도를 최저 수준으로 끌어내렸다. 시카고트리뷴(Chicago Tribune)은 트루먼의 "정신적 감정적 상태"를 들어 대통령 직무를 계속 유지할 수 있을지 의심했다. 보통의 국민이 보기에도 나라가 전쟁을 치르고 있는 마당에 대통령의 딸에 대한 걱정은 터무니없는 것이었다. 트루먼은 이 일을 아버지라면 누구도 그렇게 할 수 있는 것이라고 합리화했다.[16] 그러나 그는 평범한 아버지가 아니라 대통령이었다.

16) McCullough, *Truman*, p. 830.

12월 15일 트루먼은 국가비상사태를 선언할 수밖에 없었다. 결국 그는 나라가 '중대한 위험(greater danger)'에 처해 있다고 선언했다. 그는 제2차 대전을 상기시키는 통제와 배

급제를 생각했다. 그는 또한 국방동원국(Office of Defense Mobilization) 창설을 선언했다. 그는 육군, 해군, 공군을 확장하고 원자폭탄 병기고를 포함하여 군사 장비를 증강하기 위해 의회에 추가적인 방위비를 요청했다. 트루먼은 마치 제3차 대전을 준비하는 듯한 인상을 풍겼다. 그러나 국민들은 트루먼의 주장에 동의하지 않았다.

트루먼의 임기는 아직 2년이나 남아 있었다. 그는 국가 안보의 도전에 효과적으로 대응해야 했다. 그것은 국민이 그에게 다시 신뢰를 보낼 수 있는 기회가 될 것이며 국가를 위해 반드시 필요한 일이었다. 하지만 1951년 초 국민 대다수가 한국에 대한 트루먼의 판단을 믿지 못했다. 여론조사에 의하면 응답자 66%가 가능한 빨리 전쟁을 종식시키고 미군이 철수하기를 바랐다. 단지 25%만이 중국과의 전쟁을 계속하기를 원했다.

12월 말과 1월 초 한국에서 날아온 소식은 트루먼이 지속적인 전쟁 노력을 위해 국민의 지지를 받아야 하는 문제를 더욱 어렵게 만들었다. 12월 말 전쟁을 이끌던 워커(Walton Walker) 미군사령관이 자동차 사고로 사망하면서 미군은 적군에게 다시 38선과 서울을 내주고 퇴각해야 했다. 워커를 대체한 리지웨이(Matthew Ridgway) 장군 휘하의 미군은 전력이 강화되었음에도 서울 남쪽 약 50마일에서 중공군의 진격을 중지시킬 수 있었다. 3월 중순에 이르러 리지웨이는 중공군을 남한의 수도로부터 축출했다. 그러나 그러한 성과는 트루먼의 지지도를 높여주지 못했다. 3월 말 그의 지지율은 28%에 머물고 있었다. 그리고 국민의 겨우 21%만이 대통령이 다음 대선에 출마해야 한다고 생각했다. 트루먼의 지지도가 그처럼 낮은 것은 전쟁에 대한 미국인의 비관이 그만큼 컸음을 의미했다.17)

17) Dallek, *Harry S. Truman*, pp. 116-117.

미국도 이제 한국전쟁에 지쳐가고 있었다. 3월 말에 이르러 트루먼 행정부는 다시 38선을 넘어 북진할 의도도 전쟁을 중국으로 확대할 의도도 없음을 국내외에 분명히 했다. 그것은 전쟁 이전의 남한과 북한의 경계선과 정권들을 회복할 수 있는 휴전을 받아들이겠다는 의미였다. 그러한 결정은 맥아더의 성격과는 전혀 어울리지 않았다. 맥아더는 트루먼에 대한 공격의 포문을 열었다. 그는 대통령의 결정이 한국에서의 그의 노력에 대한 배신이며 중국에 대한 유화적 제스처라고 비난했다. 맥아더는 3월 24일 트루먼의 휴전 협상을 방해하기 위해 계산된 성명을 발표했다. 맥아더는 공개적으로 중국이 항복하거나 아니면 군사력과 정권이 붕괴될 수 있는 보다 큰 전쟁에 직면할 것이라고 위협했다.

맥아더의 성명은 휴전 협상 시도를 성공적으로 가로막았

다. 한국에서 패배했다고 생각하지 않는 중국은 맥아더가 말하는 굴욕적인 휴전 회담을 받아들일 수 없었다. 맥아더의 성명은 전쟁이 교착상태에 빠질 것이라는 전망을 높였다. 트루먼은 백악관의 의도와 모순되는 정책을 독단적으로 선언한 맥아더의 해임을 고려했다. 하지만 맥아더를 손보는 것은 쉬운 일이 아니었다. 그는 여전히 국민적 우상이었기 때문이다.

그러나 맥아더는 결국 대통령의 권위에 대한 허용가능한 도전의 선을 넘고 말았다. 4월 5일 마틴(Joseph Martin) 하원의원이 맥아더가 그에게 보낸 편지를 언론에 공개한 것이다. 그 편지에서 맥아더는 장제스의 국민당 군대를 풀어 중국 대륙을 치게 하고 한국에서 제2전선을 연다는 마틴의 생각을 지지했다. 또한 한국에서의 전쟁이 중국으로 확대되지 않으면 미국은 아시아 지배를 위한 투쟁에서 패배할 것이라고 예상했다. 그렇게 되면 소련에게 유럽을 빼앗기게 될 것이고 미국은 결국 공산주의와의 세계적 투쟁에서 패배할 것이라고 맥아더는 주장했다. "만약 우리가 아시아에서 공산주의와의 전쟁에서 패한다면 유럽의 몰락은 불가피하며 이긴다면 유럽은 아마도 전쟁을 피하고 자유를 보존할 수 있을 것이다." 맥아더는 "승리를 대신할 수 있는 것은 없다"는 말로 편지를 마쳤다.[18]

[18] Dallek, *Harry S. Truman*, p. 118.

4월 10일 합동참모부, 각료, 민주당 지도자들과 협의한 뒤 트루먼은 모든 군사 지휘권을 내놓고 은퇴하라고 맥아더에게 통보했다. 트루먼이 맥아더를 해임한 것은 그의 정책이 완전히 잘못된 것이었기 때문만이 아니라 그가 대외 및 군사정책의 결정에서 대통령의 권한에 도전하고 침해했기 때문이었다. 트루먼은 자신의 회고록에서 "우리 헌법에 하나의 기본적 요소가 있다면 그것은 군에 대한 민간의 통제이다… 그런 식으로 그가 민간 권한에 도전하는 것을 허락했다면 내 자신이 헌법을 준수하겠다고 한 서약을 위반하는 것이 될 것이다"라고 주장했다. 그리고 트루먼은 사적으로 맥아더가 "우둔한 개자식이었기 때문에 해고한 것이 아니다…그가 대통령의 권위를 존중하지 않았기 때문이다"라고 털어놓았다.[19]

19) Miller, *Plain Speaking*, pp. 308-313.

트루먼은 맥아더의 해임이 큰 소동을 일으킬 것이라고 예상했다. 그러나 트루먼은 링컨 대통령이 내전 중에 그의 명령을 따르지 않고 부적절한 성명을 발표했다는 이유로 맥클레란(George B. McClellan) 장군을 해임했던 사건을 위안으로 삼았다. 맥클레란은 정치적 야심을 갖고 있었다. 그는 링컨에 반대하는 자라면 누구든 이용하고자 했다. 트루먼은 공화당이 맥아더의 불복종을 부추기고 맥아더는 공화당을 이용하고 있다고 생각했다.

그러나 트루먼은 공식적으로는 맥아더 장군이 공식 성명을 발표하기에 앞서 허가를 받으라는 대통령의 지시를 따르지 않았고, 동맹과 적에게 대통령의 권위에 대한 신뢰를 무너뜨리면서 대통령의 대외정책을 공개적으로 문제 삼았으며, 그리고 제3차 세계대전을 촉발시킬 수 있음을 무릅쓰고 중국과 전면전으로 확대하고자 했다는 것을 해임 이유로 들었다. 트루먼의 지적은 나름대로 타당성이 있었다.

그렇지만 미국인 66%가 맥아더의 해임에 찬성하지 않았다. 그것은 트루먼에 대한 신뢰가 그만큼 추락했다는 반증이었다.

트루먼의 발표와는 상관없이 맥아더의 귀국은 참으로 장관이었다. 그는 분명히 불명예스럽게 제대했음에도 불구하고 "영웅으로서 미국 땅에 도착했다." 4월 16일 10만의 군중이 호놀룰루에서 그를 환영했다. 다음 날 샌프란시스코에서는 50만의 인파가 전쟁 영웅을 보기 위해 거리에 줄을 섰으며 4월 18일에는 그를 태운 자동차 행렬이 뉴욕 금융가를 지날 때 수백만이 환호를 보냈다. 자동차행렬은 린드버그(Charles A. Lindbergh)의 대서양 횡단비행과 아이젠하워(Dwight David Eisenhower) 장군의 귀국 축하행사를 능가할 정도였다.[20]

공화당은 맥아더를 초청하여 상하합동의회에서 연설하

20) Hamby, *Man of the People*, pp. 561~564.

게 했다. 트루먼과 민주당 다수파는 그것을 받아들일 수밖에 없었다. 그것은 맥아더에게 미국 역사에서 가장 위대한 정치적 행위를 할 기회를 주었다. 맥아더는 그의 후광을 입고 싶어 하는 상하의원을 대동하고 의회에 등장했다. 맥아더는 의회연설에서 대통령의 한국전쟁 및 대외정책 일반을 신랄하게 비난했다.

"나는 인생의 색이 바란 황혼에 적의를 가지고 연설하는 것이 아닙니다. 다만 조국에 봉사한다는 일념으로 연설합니다"라고 맥아더는 시작했다. 그가 보기에 행정부의 공산주의에 대한 '유화정책'은 국가적 재앙의 처방이었다. 맥아더는 트루먼이 한국을 비롯한 전 세계에서 미국을 패배의 길로 이끌고 있다고 주장했다. 맥아더는 이 연설로 52년의 군 생활을 마감했다. 그는 웨스트포인트 시절 가장 인기 있는 병영 발라드를 인용했다. "노병은 죽지 않는다. 다만 사라질 뿐이다." 맥아더는 그 발라드의 노병처럼 사라지고 있었다. 그 장면은 의원들과 전국의 수백만 시청자들에게 기억할 만한 순간이었다.[21]

21) Dallek, *Harry S. Truman*, pp. 120~121.

반면 맥아더를 향한 백악관의 시선은 싸늘했다. 대통령과 나라의 이념에 드러내놓고 불손한 맥아더에 대한 의원들과 국민의 과장된 반응에 감정이 상했다. 맥아더의 연설을 트루먼은 한마디로 '100% 허튼소리'라고 일축했다.

맥아더의 귀환에 대한 환영과 흥분은 영웅을 희구하는 국민적 정서를 반영했다. 그러나 국민의 분위기는 바뀌고 있었다. 점점 많은 수의 미국인이 맥아더를 종말론적 전쟁으로 세계를 이끌 수 있는 비현실적이고 위험스런 정책을 지지하고 있는 사람으로 보게 되었다. 갤럽조사에 의하면 맥아더가 좋은 대통령이 될 것으로 생각하는지 물었을 때 36%만이 그렇다고 하고 55%는 아니라고 응답했다.22)

22) Dallek, *Harry S. Truman*, p. 121.

7월에 이르러 맥아더의 해임에 대한 흥분이 식어가자 미국인 74%가 한국에서의 평화회담에 찬성한다고 응답했다. 국민은 브레들리(Omar Bradley) 장군의 견해에 공감했다. 그는 한국전쟁을 "잘못된 장소, 잘못된 시간, 그리고 잘못된 적과의 잘못된 전쟁"이라고 단정지었다.23)

23) Dallek, *Harry S. Truman*, p. 121.

그러나 그러한 상황변화가 트루먼에게 도움이 되지 않았다. 예상대로 공화당 상원의원들은 그들이 전설이라고 간주하는 맥아더를 대통령이 해임한 것을 비난하고 나섰다. 그들은 대통령의 탄핵을 요구했고 그를 공산주의 앞잡이 혹은 비밀 공산주의자라고 비난했다. 인디애나의 젠너(William Jenner) 상원의원은 "오늘날 이 나라는 소련의 대리인들이 지시하는 비밀 내부 패거리의 손에 있다"고 믿기 어려운 주장을 했다. 시카고트리뷴은 트루먼이 "도덕적으로나 정신적으로나 대통령직에 부적합하다"는 이유를 들어

대통령의 탄핵과 유죄판결을 주장했다.[24]

대다수 미국인은 젠너의 거친 비난을 인정하거나 트루먼을 반역자로 몰 준비가 되어 있지 않았다. 그러나 그들은 더 이상 대통령에 대한 믿음을 갖고 있지 않았다. 트루먼의 결정을 공산주의의 국가들과의 전면전을 피하기 위한 불가피한 선택이었다고 생각하면서도 트루먼의 방식에는 동의할 수 없었다. 맥아더에게 영예롭게 퇴임할 기회를 주는 대신 트루먼은 처벌과 같은 추잡한 방식으로 그를 해임시켰다. 그것은 맥아더가 소중히 간직했던 모든 전통을 모독하는 처사였다. 공화당 의원들은 대통령을 '배신자', '촌놈' 등 모멸적 용어를 사용하여 공격했다. 트루먼에 대한 그러한 공격은 맥아더의 해임 자체도 문제였지만 대통령과 정부에 대한 누적된 불신과 분노가 분출된 것이었다.

트루먼이 맥아더를 해임한 6주 뒤 5월의 여론조사에서 트루먼의 지지율은 겨우 24%였다. 국민의 61%는 그의 대통령으로서의 직무 수행을 반대했다. 다음 3개월 동안 그의 직무 수행에 대한 지지율은 여전히 20%대에 머물렀다. 그러나 트루먼은 그러한 비판에 동요하지 않았다. 트루먼은 자신의 회고록에서 "그것은 나를 불편하게 하지 않았다"고 말했다. 그는 여론조사가 자신의 대통령직 수행에 대한 최종적 평가라고 믿지 않았다. 그리고 트루먼은 탄핵을 요구

[24] Dallek, *Harry S. Truman*, p. 122.

하고 있는 공화당에 대해 그들 자신이 "곤경에 처해 있음을
알게 될 것이다"라고 말했다.25)

25) Robert Ferrell, ed., *off the Record: The Private Papers of Harry S. Truman*, New York: Harper & Row, 1980, p. 310.

맥아더의 해임에 대한 의회 청문회는 42일간 지속되었다. 트루먼은 행정부의 정책에 대한 국내 비판자들에게 도움이 될 만한 것은 아무것도 없었다는 청문회 결과에 상당히 만족해했다. 사실 청문회는 역설적이게도 맥아더의 무자비함을 입증함으로써 트루먼을 수렁에서 구해주는 데 일조했다. 청문회는 중국 혹은 소련과의 전면전을 지지하는 맥아더의 조언이 갖는 무모함과 비현실성을 여지없이 폭로했기 때문이다. 3일 동안의 증언에서 맥아더는 세계적 문제에서 자기 생각에 빠져 있었으며 확전의 위험을 과소평가했음을 보여주었다. 맥아더는 만약 자신의 판단이 잘못되었다면 어떻게 되는가, 그 결과 또 다른 전쟁이 발발한다면 어떻게 되는가? 라는 질문에 그것은 자신의 잘못이 아닐 것이라고 말했다. 세계전략에 대한 책임은 자신이 아닌 합동참모부에 있다는 주장이었다. 맥아더의 대답에서 다수의 미국인은 맥아더가 마치 트루먼의 주장을 대변하고 있다고 느꼈다.

맥아더는 자신의 주장과 조언, 각별히 중국과의 전면전 요구가 잘못된 것이 아님을 충분히 입증하지 못했다. 게다가 이후 마셜 국방장관과 브레들리 사령관, 그리고 합동참

모부는 그들이 맥아더의 전략에 동의했다는 맥아더의 주장을 전적으로 부인했다. 그들의 진술은 대통령의 결정에 무게를 실어주었을 뿐만 아니라 너무나 확실하게 맥아더를 불신하도록 만들었다. 나중에 브레들리는 맥아더의 "전설적인 군인으로서의 명예는 상처를 입었다. 공산 중국은 무오류의 '군사적 천재'를 웃음거리로 만들었다"고 썼다. 공산주의에 대한 개인적 적대감으로 넋을 잃은 맥아더는 중국 혹은 소련과의 전면전, 즉 제3차 세계대전을 원했다. 그것이 핵무기에 의한 학살을 수반할 수밖에 없을 것임에도 불구하고. 그러나 영웅 맥아더는 그렇게 희미한 전설이 되고 있었다.[26]

26) McCullough, *Truman*, p. 853.

그런데도 트루먼의 지지율은 올라가지 않았다. 트루먼의 미래는 한국의 상황과 너무나 밀접한 관련이 있었다. 전쟁의 끝은 보이지 않고 나날이 증가하는 미군의 희생이 승리를 가져다줄 것이라는 믿음이 없는 한 트루먼의 지지율은 올라가지 않을 모양이었다. 트루먼은 그러한 현실을 잘 이해했다. 트루먼에게는 이제 공산주의를 패배시키는 것이 아니라 전쟁을 끝내는 것이 유일한 희망이 되었다.

6월에 이르러 소련이 전쟁 종식을 중재할 수 있다는 태도를 보이자 트루먼은 상당한 희망을 갖게 되었다. 말리크(Yakov Aleksandrovich Malik) 유엔 주재 소련 대사가 휴전 준비에 대한 소련의 관심을 표명하고 중국의 기관지가 그 제안을 받아들인 이후 트루먼은 휴전을 논의할 용의가 있음을 선언했다. 7월부터 개성에서 휴전 회담이 시작되었다. 회담은 8월 말에 결렬되었다가 10월 25일 판문점에서 다시 열렸다. 사실상의 휴전은 11월 27일 이루어졌다. 그러나 휴전회담은 포로 송환 문제를 놓고 교착상태에 빠졌다. 미군과 유엔군의 포로는 16,000명이고 중공군은 150,000명이었다. 문제의 핵심은 포로를 일-대-일(one-for-one-swap)로 교환할 것인가 아니면 전부-대-전부(all-for-all)로 교환할 것인가였다. 중국은 후자를 원했다.

그러나 트루먼은 전자를 원했다. 일-대-일 교환 이후 뒤에 남겨진 중공군 포로의 다수가 중국으로 돌아가기를 원치 않는다는 이유에서였다. 그리고 그들 포로에게 선택을 허락하는 것은 미국에게 전쟁 종식의 선전전에서 승리를 가져다줄 것이라는 계산도 있었다. 또한 그러한 승리에서 자신이 정치적 지지를 회복할 수 있기를 기대했다. 그의 임기가 1년 이상 남았기 때문에 정치력의 회복은 그에게 권위를 확보하는 기회의 장이 될 수 있었다.

휴전회담의 교착상태는 해를 넘기고 있었다. 그러는 사이 미군과 중공군의 희생은 늘어났고 미래는 더욱 불확실했다. 전쟁은 마치 제1차 대전의 참호전을 연상시키는 일련의 육박전으로 자리 잡았다. 그 결과 전쟁에 대한 미국인의 좌절감은 더욱 깊어갔다. 10월 여론조사는 미국인 56%가 한국전쟁을 완전히 '쓸데없는' 전쟁이라는 데 공감했다. 11월 중순에 이르러 중국이 진정으로 전쟁을 종식시키고자 하는지에 대한 의심이 팽배해지자 미국인 41%가 "한국에서의 적"에 대한 타격 방식의 하나로 원자폭탄 사용을 지지했다.27)

27) Arnold Offner, *Another Such Victory: President Trumanand the Cold War, 1945~1953*, Stanford: Stanford University Press, 2002, pp. 406~409.

사실 트루먼은 개인적으로 공산주의자들에 대한 결정적 공격으로 한국전쟁과 냉전을 종식시킬 생각을 하고 있었다. 그는 공산주의 정부들을 일정한 시간을 정해 놓고 최후통첩을 하여 기간을 어기면 무자비하게 타격하여 제거해야 할 '마약단 두목(head of a dope ring)'과 같다는 믿음을 가지고 있었다. 미국적 가치에 대한 존중과 인종주의 및 문화우월주의가 짙게 깔려 있는 그런 생각을 그는 일기에서 솔직하게 써내려갔다. 그는 소련에게 "미국은 만주의 모든 군사기지를 파괴할 의도를 가지고 있다…… 만약 소련이 개입한다면……항구든 도시든 모두 제거할 것이다…… 이것은 전면전을 의미한다"고 말해야 한다고 믿었다. 트루먼은 마치 극도로 흥분한 상태의 비이성적인 사람처럼 이제 "소련이 살고 싶은지 아닌지를 결정할 마지막 기회이다"라고 생각했다.28)

28) Dallek, *Harry S. Truman*, p. 125.

트루먼은 생각대로 한국전쟁이 해결되지 않자 소련의 속마음이 무엇인지를 알고 싶어 했다. 전쟁 종식을 원하는지, 중국과 시베리아가 파괴되는 것을 감수하고 있는지, 어느 쪽이든 소련이 선택하기를 바랐다. 그것은 한국전쟁을 종식시키지 못하고 있는 트루먼의 무력감과 좌절감의 표현이었다.

한국전쟁이 길어지자 트루먼은 더욱 인기 없는 대통령이 되었다. 12월에 이르러 트루먼의 지지율은 23%로 떨어졌다. 이러한 지지율 추락은 어제오늘의 일이 아니었지만 여론을 조장하고 이용한 정치인 가운데 트루먼에게 가장 악의적이었던 인물은 매카시 상원의원이었다. 매카시는 트루먼을 '개자식'으로 부르며 탄핵되어야 한다고 주장했다. 트루먼이 맥아더를 해임했을 때는 술 취한 상태라고 비아냥거렸다. 뿐만 아니라 매카시는 트루먼의 측근 애치슨 국무장관을 겨냥해 '반역자'라고 맹비난했다. "당신은 국무부에서 사직해야 할 뿐만 아니라 미국에서 추방되어……소련으로 가야 한다." 매카시는 여당과 야당 의원들로부터 고루 존경받고 있는 마셜 국방장관까지도 공격했다. 1951년 6월 상원에서의 한 연설에서 매카시는 마셜을 "엄청난 음모와 암담한 불명예"의 배후의 주범이라고 비난했다.[29]

매카시의 행동은 정상적인 시기라면 미친놈으로 낙인찍

[29] Dallek, *Harry S. Truman*, p. 126.

힐 놀라운 짓이었다. 그러나 당시는 이성적인 시대가 아니었다. 동료 상원의원 다수는 매카시가 1950년 선거에서 타이딩스를 어떻게 파멸시켰는지를 기억하면서 매카시를 거스르는 것을 두려워했다. 그런 상황에서 트루먼도 마셜도 매카시를 직접 대응할 수는 없었다. 그래서 트루먼은 "부랑아로 부랑아를 해치울(get down in the gutter with a gutter snipe)" 생각이었다. 1951년 9월 마셜은 물러나 있었고 트루먼은 기자회견에서 매카시에 대해 묻자 논평하지 않았다. 이것은 트루먼이 매카시의 도발에 별 신경을 쓰지 않는 것을 의미하지 않는다. 민주당 의원들과의 사적인 모임에서 한 상원의원이 매카시의 추악한 개인적 사실을 언론에 흘려 매카시를 공격할 것을 제안하자 트루먼은 그 제안을 거부했다. "누구도 심지어 미국의 대통령조차도 냄새나는 놈의 영역에 너무 가까이 접근할 수는 없다." "만약 어떤 놈이 당신에 대해 큰 거짓말을 하고 있다면 유일한 대답은 완전한 진실로 대하는 것이다."30)

30) Dallek, *Harry S. Truman*, pp. 126~127.

트루먼이 매카시를 제거하기 위해 어떤 일을 할 수 있었는지는 알기 어렵다. 텍사스의 존슨 상원의원은 대통령이 현명하게 때를 기다릴 것으로 믿었다. 그리고 매카시는 미국의 전통적인 제도와 개인을 공격함으로써 스스로 선을 넘게 될 때까지 파멸하지 않을 것으로 예상했다. 결국 1954년 매카시가 군부를 공격하고 존슨이 매카시를 잡기 위해 기회를 얻었을 때 그러한 일이 벌어지고야 말았다. 존슨은 매카시가 얼마나 무자비하고 사악한 인물인지 국민에게 보여주기 위해 군부-매카시 청문회의 텔레비전 중계를 준비했다. 매카시는 무고한 군과 개인에게 거친 비난을 쏟아냄으로써 그가 실은 악당이며 심리적으로 불균형적인 사람임을 국민에게 보여주었다. 그는 스스로 파멸의 길로 걸어갔다.

하지만 1951년 트루먼을 포함한 다수의 민주당 의원은 매카시의 몰락을 위한 시간이 무르익었다고 생각하지 않았다. 만약 트루먼이 공개적으로 매카시에게 반격을 가했다면 매카시는 보다 빨리 무너졌을지도 모른다. 합리적인 미국인이라면 제2차 대전에서 승리의 기획가였으며 1945년과 1951년 사이 트루먼 행정부의 반공산주의 활동의 핵심적인 인물인 마셜이 충성스런 미국인이 아니라고 믿기 어려웠을 것이다. 트루먼은 매카시를 구체적으로 지목하지 않으면서 비이성적이고 왜곡된 공격을 비난하는 포괄적인 성명을 발표했다. 매카시의 비난과 비방이 공산주의 국가들에서 하는 것과 유사하다고 역으로 공격하면서. 그러나 트루먼이 그러한 전술을 사용하면서도 어떤 인물을 특정하지 않은 것은 미국인 대다수가 무책임한 수사에 대해 매카시를 비난하리라는 희망을 가지고 있었기 때문이다.

1951년 9월 일본과의 강화조약이 체결되었다. 태평양전쟁이 공식적으로 종식된 것이다. 그러나 그러한 외교적 성과가 트루먼 행정부의 한국과 대외정책 일반에 대한 국민의 부정적 정서를 바꾸기에는 역부족이었다. 1951년에 이르러 미국인 대다수는 일본에 대해 우호적 혹은 중립적 감정을 갖고 있었다. 강화조약은 일본이 중국의 영향권 안으로 떨어지는 것을 막고 미국이 원하는 만큼의 군대를 일본에 유지할 권리를 미국에게 보장해 주었다. 그러나 그것이 한국전쟁의 교착상태와 전 세계에서 공산주의세력에게 미국의 취약함을 드러낸 트루먼 행정부에 대한 국민의 분노를 뚫고 나갈 수는 없었다.

1950년 12월 트루먼은 아이젠하워 장군을 북대서양조약기구의 사령관으로 임명했다. 그가 나토군을 지휘하게 되었다는 소식은 국민의 불안을 상당히 해소할 수 있었다. 미국인에게 아이젠하워는 맥아더보다 더 매력적인 인물이었을 뿐만 아니라 유럽에서도 인기가 높았다. 아이젠하워는 1952년까지 소련의 지상군 공격에 효과적으로 대비할 수 있도록 나토의 군사력을 강화하고자 했다. 그러나 그러한 대외적 성과에도 불구하고 미국인은 계속하여 트루먼을 나라의 안전을 위태롭게 할 지도자로 보았다. 1952년 대통령 선거가 다가오면서 미국인은 국가안보를 더욱 튼튼히 할 수 있고 세계적인 공산주의 음모를 분쇄할 새로운 지도자를 열망했다.

# 8장 트루먼의 마지막 시도

1952년의 국내정치

# 1952년의 국내정치

임기가 얼마 남지 않은 트루먼은 이미 대통령으로서의 존경과 신뢰를 모두 상실했다. 그러나 1952년의 선거를 앞두고 그가 다시 출마할 것인지 미국인은 궁금해했다. 미국인 대다수는 트루먼이 출마할 것이라고 생각하면서도 그가 대통령직을 또 맡는 데는 반대했다. 아이젠하워 장군, 태프트 상원의원, 캘리포니아의 워렌(Earl Warren) 주지사, 그리고 스탓센(Harold Stassen) 펜실베이니아대학 총장에 맞선 가상 대결에서 트루먼은 그들 모두에게 패배할 것으로 예측되었다.

하지만 1950년 4월에 이미 트루먼은 1952년 4월에 민주당 지명전에 나서지 않을 결심을 했다. 물론 그도 "권력에 대한 유혹"을 느꼈다. 그러나 그는 "8년으로 충분하다"고 생각했다.[1]

1951년 11월 트루먼은 자신의 결정을 참모들에게 털어놓으면서 아직 세상에 공개하지 말라고 주문했다. 1952년 봄

---

1) Robert J. Donovan, *Conflict and Crisis: The Presidency of Harry S. Truman, 1945~1948*, New York: W. W. Norton, 1977, pp. 171~172.

쯤에 자신의 의도를 직접 밝힐 생각이었다. 트루먼이 그렇게 하도록 한 것은 당연한 수순이었다. 재선 불출마를 미리 선언한다면 그의 임기 마지막 수개월 동안 소위 레임덕에 빠질 것이 뻔했기 때문이다. 재선에 출마하지 않겠다는 트루먼의 결심은 여론의 압력으로부터 일정한 자유를 주었다. 아마도 그가 1953년 1월 퇴임하기 전에 국민의 지지율을 높이고자 했다면 그의 지지도는 더욱 떨어졌을지도 모른다.

트루먼의 재선 포기 결심은 1951년과 1952년 내내 행정부를 괴롭힌 부패 혐의에 대한 그의 대응에 일정한 영향을 준 것으로 보인다. 트루먼은 전국의 조세징수원으로 복무하는 민주당 지명자들을 제거한 것에서 볼 수 있듯이 공직자의 비행에 대한 비난에 무관심하지 않았다. 그러나 믿을 수 있는 친구라고 간주한 사람들에 대한 조치는 상대적으로 더디게 했다. 트루먼은 부패 혐의를 선동가들의 주장처럼 그가 혹은 루스벨트가 지명한 관리들의 실질적 비행이라기보다는 다음 선거에서 정치적 이득을 얻으려는 공화당의 공작이라고 믿었다.

친구와 지지자들을 해고하기 꺼려한 가장 유명한 예로는 맥그래드(Howard J. McGrath) 법무장관의 경우를 들 수 있다. 1949년 클라크(Tom Clark) 법무장관을 대법관으로 승진시켰는데 그가 대법원에서 내린 결정을 못마땅하게 여긴 트루먼은 클라크를 맥그래드로 교체했다. 그는 트루먼이 믿을 만한 경력을 갖고 있었다. 맥그래드는 로드아일랜드의 주지사와 상원의원, 연방 법무차관, 그리고 1948년에 대통령을 충성스럽게 지지한 민주당 전국의장으로 일했다. 트루먼은 그가 가톨릭 신자라는 점을 정치적으로 고려했다. 가톨릭 신자가 내각 혹은 행정부 고위직에서 일하는 것은 대통령에게 정치적 이익이 되었다.

그러나 믿을 만한 경력에도 불구하고 맥그래드는 술고래이고 자신의 책임을 부하들에게 맡기는 게으른 사람이라는 등 평판이 좋지 않은 인물이었다. 그렇지만 그것이 그를 법무장관으로 임명되는 것을 막지는 못했다. 법무장관이란 자리는 어떻게 하느냐에 따라 대통령을 곤혹스럽게 할 수 있는 자리였다. 그렇게 정치적·개인적 동료들에게 일자리를 주는 트루먼의 태도는 그의 임기 내내 그를 괴롭혔다.

1951년 말에 이르러 트루먼은 맥그래드를 임명한 것에 회의를 느끼기 시작했다. 법무부에 대한 비판의 목소리가 높았기 때문이다. 대통령은 한때는 단연 미국에서 최고의 법적 부서였던 법무부가 이제는 "3류"라고 묘사한 익명의 메모를 받기도 했다. 법무부는 "머리 없는 거대한 조직"이 되고 말았다. 그 이유는 주로 자격 없는 정치적 지명자들과

맥그래드의 무신경 및 비효율성 때문이었다. 그것은 트루먼을 당혹스럽게 했다.2)

2) Robert Dallek, *Harry S. Truman, The American Presidents* in eds., Arthur M. Schlesinger, Jr & Sean Wilents, New York: Henry Holt & Company, 2008, p. 133.

12월 트루먼은 민주당의 반대를 무릅쓰고 맥그래드를 오리건의 모스(Wayne Morse) 공화당 상원의원으로 바꾸기로 결정했다. 그러나 고결함과 독립성으로 유명한 모스는 대통령의 제안을 거절했다. 그래서 트루먼은 나무랄 데 없는 자격을 갖춘 저명한 변호사 밀러(Justine V. Miller)의 임명을 고려했다. 그러나 밀러는 연방수사국에 대해 공개적으로 부정적 논평을 한 적이 있었다. 그런 그가 법무부 장관이 되는 것을 후버(J. Edgar Hoover) 연방수사국장이 두고 볼 수는 없는 노릇이었다. 아마도 후버의 압력 때문에 트루먼은 밀러를 임명할 수 없었다. 맥그래드는 대통령의 사임 요구를 거부했다. 그는 저명한 가톨릭 신자들과 민주당의 기둥인 로드아일랜드의 그린(Theore Green) 상원의원의 지지를 받았다. 트루먼은 맥그래드로 하여금 부패 의심을 받는 정치적 활동가들을 자격을 갖춘 법률가들로 교체하여 법무부를 숙정하라고 요구했다.

맥그래드는 뉴욕의 공화당 개혁가 모리스(Newbold Morris)를 천거하여 독립적 수사를 맡기자고 대통령에게 요청했다. 모리스는 연 1만 달러 이상을 버는 모든 공직자는 자산과 외부 수입을 나타내는 설문지를 작성하도록 요구했다.

모리스는 독립성을 확보하고자 한 것이다. 그러나 그러한 요구는 맥그래드를 화나게 했다. 그는 그것이 사생활 침해라고 트루먼을 설득했다. 그리고 맥그래드는 백악관의 승인 없이 모리스를 해고했다. 그 결정은 맥그래드의 결정적 실수였다. 소식을 접한 트루먼은 맥그래드의 사임을 요구할 수밖에 없었다. 트루먼은 존경받는 연방판사 맥그레너리(James McGranery)를 법무장관으로 임명했다. 그러나 그는 2개월 이상 상원으로부터 지명을 받지 못했다. 그러는 사이 법무부의 내부 숙청은 거의 중단되었다.

맥그래드 문제는 트루먼 행정부와 민주당에 대한 국민의 불신을 증폭시켰다. 법무부의 무능과 부패 혐의는 대통령과 민주당이 너무 오랫동안 권력을 잡고 있었으며 어떤 변화가 필요한 때라는 느낌을 국민에게 강하게 심어주었다. 트루먼은 신임 법무장관이 법무부에서 국민의 신뢰를 회복하고 선거에서 부패 문제가 불거지지 않도록 최선을 다해 줄 것을 희망했다.

노동문제는 더욱 심각하게 트루먼을 괴롭혔다. 그것은 트루먼이 기대한 모든 일의 성과를 무산시켜버렸다. 1952년 초 대통령의 가장 큰 걱정은 미국 방위산업을 문 닫게 할 수 있는 철강노동자들의 파업 위협이었다. 3월 정부의 임금안정위원회(Wage Stabilization Board)가 노동자를 위한 시간당 26센트의 두둑한 임금인상을 권고했을 때 철강생산자들은 비용증가를 상쇄하기 위해 톤당 12달러 인상을 요구했다. 트루먼은 철강회사들을 고무하여 4달러 50센트로 타결하도록 했다. 철강회사들은 한국전쟁으로 큰 이익을 누릴 수 있으며 더 이상의 철강가격 인상은 인플레를 잡기 위한 정부의 노력을 방해할 수 있다는 근거에서였다.

대규모 철강회사는 트루먼의 권고를 거부했다. 그래서 노동조합은 4월 9일을 파업 데드라인으로 정했다. 대통령은 테프트-하틀리법을 들어 80일간의 냉각기를 요구할 수 있었다. 그러나 트루먼은 그 파업을 자신의 거부에도 불구하고 의회를 통과했던 노동법이 얼마나 반노동자적인지 확인하는 기회로 삼았다. 그는 1952년 대통령 후보 지명을 받고자 하는 공화당의 태프트 상원의원을 격려할 생각이 전혀 없었다. 그렇다고 노동자와 적대하고 싶지도 않았다. 트루먼은 그것이 민주당이 백악관을 지키고 의회를 통제하는 데 결정적이라고 보았다. 그러나 그는 철강생산자들에게 거의 공감하지 않았다. 분쟁의 타결을 거부하는 그들의 모습이 탐욕스럽고 비애국적이라고 생각했기 때문이다.

철강회사의 파업이 확실시되자 트루먼은 전시사령관으로서 고유한 권한으로 회사를 정부가 장악하도록 명령하는 것 이외에 더 나은 대안이 없다고 보았다. 대통령은 철강생산의 중단이 "잠시 동안이기는 하지만 전쟁 장비의 생산 지연을 초래할 위험을 무릅써야 할 것"이라는 로벳(Robert Lovett) 국방장관의 평가를 받아들였다. 로벳이 판단하기에 미군은 "탄약으로 전선을 지키고" 있었다. 그러므로 철강생산의 축소는 미군을 더욱 위험한 상황에 놓이게 할 수 있었다.[3]

3) Dallek, *Harry S. Truman*, p. 135.

트루먼은 철강회사를 접수하는 것이 대통령의 권한에 대한 헌법적 논쟁을 불러일으킬 수 있다는 점을 이해했다. 그러나 트루먼은 링컨, 윌슨, 그리고 프랭클린 루스벨트 대통령이 모두 국가안보를 보장하기 위해, 그들의 고유한 권한을 사용했음을 상기시킴으로써 자신의 결정을 정당화했다. 클라크 대법관은 대통령이 그런 행동을 취할 수 있는 권한을 가지고 있음을 확인해 주었다. 그리고 절친한 친구이자 포커 게임의 동료인 빈슨(Fred Vinson) 대법원장은 사적으로 대통령이 철강회사를 접수할 수 있는 권한이 있음을 뒷받침해주고 나아가 연방대법원의 다수가 그러한 의견을 지지할 것이라고 트루먼을 고무했다.

트루먼의 철강회사 접수 결정은 부분적으로 1952년 봄에 그를 주저앉혔던 무력감을 털어내려는 개인적 욕망과도 관련이 있었다. 트루먼은 사기가 꺾이고 지쳐 있었다. 대통령의 낮은 지지율, 한국전쟁을 종식시키지 못한 무능력, 그리고 행정부 내의 지속적인 부패 혐의는 트루먼 스스로 더 이상 효과적인 행정부의 수반이 아니라고 느끼게 했다. 그러므로 트루먼에게 철강회사를 접수하는 것은 국가이익에 이바지하는 길일뿐만 아니라 대통령으로서의 그의 능력을 재확인하려는 행동이었다.

트루먼의 철강회사 접수 결정은 그의 가장 큰 잘못의 하나임이 곧 드러났다. 언론과 의회는 트루먼을 히틀러와 무솔리니와 비교하면서 헌법적 권한을 남용하여 독재를 세우고자 한다는 혐의로 탄핵되어야 할 대통령이라고 비방했다. 철강회사는 즉시 정부가 재산권을 침해했다고 고소했다. 파인(David Pine) 지방법원 판사는 대통령의 행동은 "불법이며 법적 권한이 없다"는 유예를 통지했다. 그리고 6월 2일 연방대법원은 6대 3으로 파인의 판시를 승인했다. 전체 9명의 판사는 루스벨트와 트루먼이 지명한 사람들이었다. 그렇게 자유주의적인 법원이 그의 행정명령을 뒤집은 것은 트루먼을 어리둥절하게 했다. 대법원 판사의 다수는 최고사령관이 생산을 방해하는 파업을 막기 위해 사유재산을 접수할 수 없다고 선언했다. 그것은 "군 당국의 일이 아니라 국회의원들의 일"이라는 이유에서였다. 대법원은 트루먼의 철강회사 접수가 승인될 경우 이후에도 다른 대통령이 임금인상 요구를 막기 위해, 노동조합원을 구속하기 위해, 그리고 산업을 통제하는 것과 똑같이 노동을 통제하

기 위해 동일한 권한을 사용할 수 있음을 우려했다.[4]

4) Dallek, *Harry S. Truman*, p. 136.

대법원의 결정으로 동맹파업은 53일 동안 지속되었으며 2천 1백만 톤의 철강생산 감소와 4억 달러의 임금 손실을 초래했다. 군부는 파업이 전쟁장비 조달을 어렵게 만들었다고 불평했지만 한국전쟁은 그 파업으로부터 실제로 중대한 영향을 받지 않았다. 그리고 그것이 국가경제에 심각한 타격을 준 것도 아니었다. 7월의 타결 내용은 노동자 측에게 시간당 21센트의 임금 인상을 제공하고 사용자 측에게 톤당 5달러 20센트를 추가하는 3월에 제시되었던 것과 흡사한 것이었다. 그러나 노사분쟁으로 나라는 심한 고통을 받았다. 그로 인해 트루먼의 지지도는 더욱 떨어졌다. 국민의 약 1/3만이 트루먼의 철강회사 접수에 공감했다. 그것은 트루먼이 임기 마지막 수개월을 무력감에 빠지게 된 중요한 원인이 되었다.

한국전쟁의 교착상태 또한 1952년 동안 트루먼의 좌절감을 더욱 깊게 만들었다. 앞서 언급했듯이 공산주의자들과의 협상에서 쟁점이 된 것은 포로송환이었다. 제2차 대전 이후 독일로부터 소련 포로의 강제 송환이 초래한 일부의 자살과 대다수 귀국자들의 강제노동을 기억하는 트루먼은 무원칙한 타결을 피하리라 작심했다. 트루먼은 공산주의자들에게 포로를 넘겨주면서까지 휴전하고 싶지는 않았다.

그는 1952년 5월 웨스트포인트에서의 연설에서 그렇게 하는 것은 "인간노예를 밀매하는" 것과 다를 바 없다고 주장했다.5)

5) Dallek, *Harry S. Truman*, p. 136.

공산군 포로 약 11만 6천 명 가운데 단지 8만 3천 명만이 중국과 북한으로 돌아가기를 원했다. 트루먼은 양보할 수 없는 원칙으로 '자발적 송환(voluntary repatriation)'을 내세웠다. 공산주의자들 또한 마찬가지로 포로의 전부-대-전부 송환 규정을 합의에 포함시킬 것을 완고하게 주장했다.

트루먼에게 자발적 송환 혹은 일-대-일 공식을 포기하는 것은 공산주의자들의 승리를 의미했다. 그는 전쟁 종식으로 남한의 회복 이상의 무언가를 원했다. 그렇게 많은 미국인의 희생을 치르면서 얻어낸 것이 고작 남한의 안보일 수는 없었다. 트루먼은 세계적 범위의 공산주의자들과의 싸움에서 좀 더 큰 것을 담보하고 싶었다. 그는 약 3만 5천 명의 공산군이 중국과 북한으로 돌아가기를 거부한 것이 자신과 미국에게 국내외에서의 심리적 차원의 냉전 승리를 제공할 수 있기를 기대했다.

6월 트루먼은 휴전을 강제하기를 바라면서 공산군에 대한 대대적인 폭격을 재개하는 데 동의했다. 미군 폭격기는 북한과 만주의 전력 공급을 차단하기 위해 압록강을 따라 수력발전소를 타격했다. 2주 뒤에는 평양을 공습하여 큰 피해를 입혔다. 그러한 행동이 협상에서 변화를 낳지 못하자 트루먼은 추가로 중국과 소련 국경 근처의 동북 지역 군사시설에 대한 공습을 승인했다.

9월에 이르러 트루먼은 폭격을 두 배로 증가하도록 명령했다. 포로 송환에서 교환 포로의 수도 문제였는데, 미국은 7만 명부터 8만 3천 명을 제시하고 중국은 10만 명에서 11만 명을 주장했다. 북한 포로는 뒤에 남겨둘 생각이었다. 9월 말 양측은 어느 쪽도 상대의 요구에 대응하지 않았다. 10월 휴전회담은 어찌할 수 없는 교착상태에 빠진 듯했다. 12월 미국은 송환을 거부하는 포로를 보호한다는 유엔의 제안을 지지했다. 그러나 공산주의자들은 그것을 거부했다.

트루먼 행정부의 마지막 수개월 동안 트루먼이 가장 관심을 가졌던 것은 1952년 대선과 총선에서의 민주당의 승리였다. 그는 1949년 대통령에 취임한 이래 온갖 비난에 시달렸다. 자신이 무능하지 않은 신뢰할 만한 대통령임을 입증할 수 있는 유일한 길은 선거 승리뿐이었다. 그는 '킹메이커'가 되고자 했다.

트루먼은 민주당의 상대로서 고립주의자 태프트 상원의원이 공화당의 후보가 되기를 기대했다. 그는 사적으로나 공적으로나 태프트가 패배하는 꼴을 보고 싶었다. 트루먼은 친구인 빈슨 대법원장에게 출마를 권유했다. 그러나 빈슨이 거부하자 그는 아이젠하워 장군을 떠보았다. 아이젠하워는 민주당 후보가 되는 데 아예 관심이 없었다. 그는 트루먼을 존경하지 않았으며 뉴딜정책과 페어딜정책에 대한 트루먼의 공약은 연방정부의 행동주의에 대해 보다 엄격한 자신의 시각과 맞지 않았다. 1951년 12월 대통령은 아이젠하워 장군에게 자신은 미주리로 돌아가기를 갈망한다고 말하면서 그러나 "고립주의자들이 백악관에 못 들어가기"를 원한다는 서신을 보냈다. "당신이 무엇을 원하는지 내게 알려주면 좋겠다. 이것은 우리 둘만 알고 누구도 모르는 일이다."[6]

1952년 1월 아이젠하워는 공직생활을 그만두기를 원하지만 의무감에 대한 확신이 선다면 굳이 피할 이유가 없다고 회답했다. 그렇다고 대통령 후보의 지명을 추구할 의도도 없음을 분명히 했다. 그러나 아이젠하워는 곧 마음을 바꾸게 되었다. 1월 6일 매사추세츠의 롯지(Henry Cabot Lodge) 공화당 상원의원은 워싱턴에서 자신이 아이젠하워 대통령위원회를 이끌고 있다고 선언했다. 그 위원회는 뉴햄프셔 예비선거에서 아이젠하워 선거운동을 시작하고 있었다.

다음 날 아이젠하워는 자신이 트루먼에게 표명했던 대통령직을 추구하기 꺼려한다는 점을 공식적으로 다시 언급했다. 그러나 그는 롯지의 노력에 반대하지 않는다는 점을 분

[6] Dallek, *Harry S. Truman*, p. 139.

명히 했다. 아이젠하워가 민주당의 발탁 제안을 거부하고 공화당의 영입을 수용한 것에 대해 트루먼은 몹시 화가 났다. 트루먼은 아이젠하워의 공화당 지명에 대해 경멸적으로 논평했다. "나는 그의 앞길을 막고 싶은 생각이 전혀 없다. 왜냐하면 그를 매우 높게 평가하기 때문이다. 그런데 그가 나가서 욕설과 썩은 달걀과 감자로 얻어맞는다면 그건 내가 알 바 아니다." 트루먼은 사적으로 그의 일부 보좌관들에게 "아이젠하워가 그런 일에 뛰어드는 것을 우리가 보게 되어 유감이다"라고 말했다. 아이젠하워는 결국 공화당에게 속았음을 알게 될 것이라고 트루먼은 생각했다.7)

7) Dallek, *Harry S. Truman*, p. 139.

빈슨이 민주당 후보 지명을 거부하고 아이젠하워와 태프트가 공화당의 유력한 후보가 되었기 때문에 트루먼은 일리노이의 스티븐슨(Adlai Stevenson) 주지사를 출마하도록 설득했다. 그가 그렇게 한 중요한 이유는 테네시의 케포버(Estes Kefauver) 상원의원이 후보 지명을 받는 것을 달가워하지 않았기 때문이다. 트루먼은 그를 노골적으로 싫어했다. 그는 조직범죄와 심지어는 트루먼 행정부의 부패를 조사하여 국민들이 트루먼을 의심의 눈으로 보게 만든 적이 있었다. 사실 트루먼은 해리먼(Averell Harriman) 전 상무장관을 더 선호했다. 그는 폭넓은 외교적 경험과 지식을 가지고 있었다. 해리먼은 루스벨트와 트루먼의 심임을 받았다. 그래서 그는 강력한 잠재적 후보였다. 그러나 해리먼은 결코 선출직에 출마하지 않았다. 그리고 첫 출마를 대통령직에 거는 것은 무리일 듯했다.

해리먼과는 대조적으로 스티븐슨은 4년 전 일리노이에서 압도적인 승리를 거두었다. 일리노이는 중서부의 이른바 '접전지역(swing state)'이었다. 트루먼은 또한 스티븐슨이 공개적으로 정부정책에 대해 말하는 것을 좋아했고 그래서 그가 효과적인 후보는 물론이고 성공적인 대통령이 될 올바른 정치적 감각을 가지고 있다고 확신했다. 1952년 1월 백악관에서 트루먼은 스티븐슨에게 자신과 같은 사람도 대통령이 되었는데 명분대학을 나온 엘리트로서 대통령직에 관심을 가져보라고 권유한 적이 있었다.

스티븐슨은 트루먼이 자신을 신뢰하는 것을 고마워했다. 그러나 그는 트루먼의 제안을 거부했다. 스티븐슨은 1952년이 민주당 대통령 후보로 나설 적기가 아니라고 생각했다. 그는 민주당 집권이 끝나면 다음은 공화당의 시기가 될 것으로 믿었다. 그리고 그가 비록 출마한다고 해도 트루먼이 지명한 후계자가 되는 것은 어리석은 짓이라고 생각했다. 그는 현재의 트루먼은 어느 민주당원에게도 도움이 되기보다는 오히려 부담을 줄 것이라 판단했다.

트루먼은 자신의 출마 권유를 듣고 상당히 고민했다. 뉴햄프셔의 예비선거에서 누군가 트루먼의 이름을 포함시켰다. 트루먼은 자신이 비후보임을 선언했다. 그러자 주의 유력 신문 『맨체스터 유니온 리더(Manchester Union Leader)』는 그의 불출마를 꾸짖었다. 트루먼은 후보자 명단에 자신의 이름을 남겨놓았다. 그는 주 예비선거에서 민주당 보수들의 상당한 영향력이 자신에게 유리할 것으로 기대했다. 그러나 3월 11일 뉴햄프셔에서 그는 케포버에게 패배했다. 그 일은 트루먼의 정신이 번쩍 들게 만들었다. 뉴햄프셔에서 모욕을 당한 18일 뒤인 3월 29일 트루먼은 다시 출마하지 않을 것임을 분명하게 선언했다.

트루먼은 스티븐슨에게 후보가 되라고 다시 압력을 넣었다. 그러나 그는 일리노이의 주지사 재선에 출마하고 대통령선거에는 힘쓰지 않겠다고 말했다. 7월 초에 공화당은 첫 후보 명단에서 아이젠하워를 지명했다. 그것은 트루먼이 더욱 강력한 민주당 후보자를 찾아 나서게 만들었다. 트루먼은 아이젠하워가 경험이 너무 부족해서 유능한 지도자가 되기 어렵다고 확신했다. 그리고 만약 아이젠하워 행정부가 들어선다면 태프트가 실질적인 권력을 행사할 것이고 나라를 고립주의로 되돌릴 것을 걱정했다.

7월 말 시카고에서 개최될 민주당 전당대회가 가까워지자 트루먼의 맘에 드는 유일한 민주당원은 바클리(Alben

Barkley) 부통령뿐이었다. 그는 출마에 열성적이었다. 그러나 그는 74세의 고령으로 대통령직을 수행하기에는 나이가 너무 많았다. 그리고 노동지도자들도 그런 선택을 달가워하지 않아 보였다.

전당대회가 시작되자 스티븐슨은 수줍어하며 자신이 자천 후보가 되면 반대할 것인지 트루먼에게 물었다. 트루먼은 스티븐슨의 결정을 기뻐하며 상당한 지지를 얻고 있는 해리먼에게 스티븐슨을 위해 사퇴할 것을 요청했다. 해리먼이 동의하자 트루먼은 다른 민주당 지도자들이 스티븐슨을 지지하도록 압력을 넣었다. 스티븐슨은 우여곡절 끝에 결국 민주당 대통령 후보로 지명되었다. 스티븐슨은 트루먼과 소원한 남부 민주당 대표들에게 성의를 보이기 위해 알라바마의 스파크만(John Sparkman) 상원의원을 러닝메이트로 선택했다.

스티븐슨은 즉시 트루먼과 일정한 거리를 두면서 선거운동을 시작했다. 그는 후보지명에서 누구에게도 빚을 지지 않았다고 선언했다. 스티븐슨은 민주당 전국위원회 의장직을 자신이 맡고 백악관과 관련이 없는 선거대책위원장을 임명하고 그의 선거본부를 워싱턴이 아니라 일리노이의 스프링필드에 설치했다. 그는 자신이 부패하고 무능한 '워싱턴을 청소하기'를 희망한다고 말하고 트루먼이 철강 파업을 잘못 처리했다는 스파크만의 공식 논평을 반대하지 않았다.

스티븐슨이 자신을 밟고 있는 것에 트루먼은 분노했다. 자신이 그토록 힘들게 도와주었던 사람으로부터 배신당한 것이다. 트루먼은 자신이 대통령을 만들 수 있다고 믿었다. 그런데 이제 뒤로 물러나야 할 판이었다. 트루먼은 대통령 지명자와 러닝메이트가 공화당 대신에 민주당 대통령을 치려고 한다고 생각했다. 그는 스티븐슨에게 "워싱턴에는 쓰레기가 없다"고 말하고 싶었다. 트루먼은 스티븐슨이 누구의 도움도 받지 않았다고 말하면 언론은 좋게 볼지 모르지만 그것이 "표를 가져다주지 못할 것"이라고 생각했다. 그것은 진실이 아니기 때문이었다. 그러나 8월 21일 기자회견에서 스티븐슨-스파크만 선거운동을 어떻게 느끼느냐는 질문을 받았을 때 트루먼은 침묵했다. 그러나 그것은 많은 점을 시사해 주었다.

트루먼은 당시 여론의 부정적 평가에 대해 수긍하지 않았다. 그는 자신이 스티븐슨보다는 유능하고 합리적이라고 생각했다. 아마 그랬을지도 모른다. 그러나 트루먼이 자신의 심리상태를 읽었다면 스티븐슨은 국민의 정서를 읽었다. 신뢰 받지 못하는 현직 대통령의 도움은 선거에서 이익보다는 손실이 더 클 것이 분명했다. 그래서 스티븐슨으로서는 당연히 대통령과 거리두기를 할 수밖에 없었다. 루스벨트와 트루먼의 개혁정책에 영향을 받는 골수 민주당원을 제외하고 유권자의 다수는 변화를 갈망했다. 무엇보다 미국인은 한국전쟁의 종식을 원했다.

1952년 대선은 미국 역사상 가장 추잡한 선거의 하나로 기록되었다. 1932년 이래 대통령직을 빼앗겨 온 공화당은 아이젠하워와 그의 러닝메이트 닉슨을 선봉에 세워 트루먼과 민주당에게 총공세를 폈다. 공화당은 1952년을 '변화의 시점(Time for Change)'으로 정하고 그들이 단정적으로 규정한 트루먼의 실패의 기록을 맹폭격했다. 공화당은 한국전쟁(Korean War), 공산주의(Communism), 그리고 정부의 부패(Corruption)의 첫 자를 조합한 'K1C2'를 지적하면서 공격지점을 단순 명료하게 만들었다.

아이젠하워와 닉슨은 트루먼과 민주당을 공격하는데 역할을 나누었다. 아이젠하워는 비교적 점잖은 태도를 취하고 닉슨은 중상비방을 일삼았다. 아이젠하워는 워싱턴을 엉망진창으로 만든 '도둑놈과 일당들'의 문화를 공격했다. 그는 트루먼의 공정정책을 '정직한 정책(honest Deal)'으로 대체할 것을 약속했다. 그러나 민주당은 보다 거친 공격에 취약했다. 닉슨이 제격이었다. 그는 이미 흑색선전전술과 반공산주의에 정평이 나 있었다. 닉슨은 트루먼과 애치슨을 민주당원 대다수가 믿는 고귀한 원칙에 대한 배신자들이라고 몰아붙였다. 닉슨은 스티븐슨이 공산주의 봉쇄에 비겁한 태도를 취한 애치슨과 같은 프린스턴대학에서 박사학위를 받았음을 상기시켰다. 닉슨은 이제 '롤백과 해방(rollback and liberation)'의 시점이라고 주장했다. 그것은 동유럽과 중국에서 공산주의 지배를 막지 못한 트루먼식의 싸움이 아니라 적극적이고 공격적으로 공산주의에게 잃어버린 영토를 회복해야 한다는 낭만적 호소였다.

아이젠하워는 약 20년간의 민주당과 그의 행정부를 공산주의 유화 혐의로 비난한 공화당에 합류했다. 그는 악명 높은 반공산주의 전사 매카시와 함께 연단에 올라 매카시즘의 정서에 온몸을 던졌다. 그는 연설에서 마셜 장군에 대한 경의마저도 뺐다. 그러나 그는 한국에서 '롤백'이 아니라 '종전'을 택했다. 그것이 당시 미국인의 염원이었으며 선거에서 승리를 확실히 담보해줄 것으로 믿었기 때문이다. 1952년 10월 24일 아이젠하워는 한국을 방문하여 전쟁 종식을 약속했다.

트루먼은 스티븐슨에 대한 분노를 삭일 수 없었지만 아이젠하워와 공화당의 공세를 두고 볼 수는 없었다. 그래서 그는 지방유세를 시작했다. 트루먼은 공산주의 침략에 대한 그의 행정부의 대응이 약했다는 비난과 '명예롭게' 한국전쟁을 종식시키겠다는 아이젠하워의 애매한 약속에 화가

치밀었다. 게다가 아이젠하워가 마셜에 대한 긍정적인 코멘트를 생략한 것을 창피스럽고 비열한 짓이라고 생각했다. 트루먼은 자신이 나토 사령관으로 임명했던 아이젠하워가 대외정책을 그토록 비난하는 것에서 그가 과연 대통령직에 적합한지 인물인지 의심했다. 트루먼의 불만과 의심은 어떤 면에서는 타당한 것이었다. 그렇지만 트루먼이 아이젠하워나 닉슨이 그에게 한 것처럼 그들을 비난한 것은 역효과를 불러왔다. 그는 공화당의 인종차별주의 문제를 들고 나왔다. 트루먼은 반유대주의, 반가톨릭주의, 반외국주의 등 '사악한 세력(sinister forces)'에 대해 아이젠하워가 눈을 감고 있다고 공격했다. 트루먼은 그러한 공격이 스티븐슨의 승리와 자신의 역사적 평판을 보장할 것이라는 희망을 가지고 있었다. 그러나 그것은 대통령에 대한 국민의 낮은 신뢰를 더욱 추락시켰다.

선거 결과는 아이젠하워의 승리였다. 그 결과에 놀라거나 당황한 사람은 거의 없었다. 그는 일반투표 6천1백만 가운데서 스티븐슨을 무려 6백6십만 표로 패배시켰다. 선거인단의 표차는 442대 89로 아이젠하워가 압도적으로 이겼다. 그는 48개 주 가운데 스티븐슨의 일리노이와 트루먼의 미주리를 포함하여 39개 주에서 승리했다. 상하의원 또한 좁은 표차이지만 공화당의 승리로 막을 내렸다.[8]

8) Donovan, *Tumultuous Years*, pp. 392~401.

아이젠하워의 그러한 승리는 트루먼의 대통령직을 산산이 부셔버린 마침표였다. 그의 생애에서 다른 다수의 경우처럼 트루먼은 선거 패배에 민감하게 반응했다. 미국의 전통과 민주주의 체제의 가치를 세계에 보여주어야 한다는 믿음으로 트루먼은 가능한 한 잡음 없이 아이젠하워와 야당에게 권력을 이양하도록 할 수 있는 모든 일을 했다. 트루먼은 1933년 후버로부터 루스벨트로의 경우처럼 긴장된 행정부 교체를 되풀이하고 싶지 않았다. 그러나 아이젠하워의 생각은 전혀 달랐다. 그는 자신이 '사악한 세력'을 수용했다는 트루먼의 비난에 매우 화가 났고 그래서 그를 전임 대통령으로서 걸맞은 예우를 하지 않을 작정이었다. 결과적으로 그들의 불화는 트루먼의 선의를 무색하게 했다. 대통령 당선자 아이젠하워가 11월 18일 대통령과 만났을 때 그는 형식적인 예의를 갖추었지만 시종일관 냉담했다. 트루먼은 12월 아이젠하워의 한국 여행을 일종의 '민중 선동(demagoguery)'이라고 공개적으로 말함으로써 아이젠하워의 냉담함에 보복했다. 아이젠하워는 퇴임하는 대통령에 대한 존경심을 표하기 위한 당선자의 대통령 집무실에 대한 관례적인 방문조차 거부했다.

트루먼은 그의 대통령으로서의 마지막 한 주를 자신의 성취에 대한 공식적 혹은 사적 회고에 마음을 썼다. 1월 15일

고별연설에서 트루먼은 민주당 행정부의 업적을 열거했다. 그리고 그는 소련은 결국 붕괴될 것이라고 예언하고 자신의 봉쇄정책이 냉전에서 승리할 것이라고 주장했다. 트루먼은 소련의 붕괴와 미국의 냉전 승리가 언제 어떻게 일어날지는 누구도 정확히 알 수는 없지만 어떤 변화가 있을 것이라는 점을 의심하지 않았다. 냉전이 종식된 지금의 시점에서 보면 트루먼의 예언은 선견지명이 있었다.

트루먼은 국민의 낮은 지지율과 뼈아픈 선거 패배, 그리고 대통령 당선자 아이젠하워와의 불화로 마치 쫓겨나가는 대통령의 모습일 것 같았다. 그러나 막상 임기를 마쳤을 때 국민들은 따뜻한 마음으로 그를 위로해 주었다. 1953년 1월 20일 트루먼은 부인과 딸과 함께 고향 인디펜던스로 데려다줄 기차에 몸을 실었다. 수많은 사람들이 그들을 전송했다. 고향에 도착했을 때 훨씬 더 많은 군중이 그들의 귀향을 환영했다. 그것은 고통스럽고 힘든 30년 공직 생활을 마감하는 대통령에 대한 국민의 배려였다.

**｜나오며｜**

# 퇴임 이후의 생활

1953년 1월 20일 트루먼이 백악관을 떠날 때 그의 나이는 68세였다. 이후 그는 1972년 12월 26일 사망할 때까지 20년 이상을 더 살았다. 시간이 지나면서 대다수 미국인의 마음에서 그는 희미해져갔다. 그럼에도 불구하고 그는 결코 국민들의 시각으로부터 완전히 사라지지 않았다. 트루먼은 강력한 개성의 소유자였고 국가이익에 너무나 헌신적이어서 공적인 고민으로부터 완전히 물러나 있을 수 없었다.

트루먼은 공직을 떠난 뒤에도 수년 동안 여전히 정치에 몸담았다. 그는 민주당원으로서의 전투성을 유감없이 발휘했다. 트루먼은 아이젠하워에 대한 사적인 미움만이 아니라 그의 보수적인 경제정책을 싫어했다. 그는 아이젠하워가 1930년대 뉴딜정책 이전으로 후퇴하고 있다고 비난했다. 그리고 그는 아이젠하워가 국민의 안녕보다는 자신과 공화당의 이익을 위해 대기업의 포로가 되어 있다고 보았다. 트루먼과 아이젠하워와의 긴장은 너무나 팽팽해서 트루먼은 자신이 존경하는 처칠 전 수상을 예우하는 1959년 백악관 만찬조차 참석을 거부할 정도였다.

트루먼은 무엇보다 아이젠하워와 공화당에 대한 반감 때문에 1956년 선거에 적극적으로 뛰어들었다. 1952년 선거에서 패한 스티븐슨 대신 뉴욕의 해리먼 주지사가 민주당 후보로 나서야 한다고 트루먼은 판단했다. 그러나 기대와는 달리 스티븐슨이 민주당 지명을 받고 케포버가 그의 러닝메이트가 되자 트루먼은 그것을 인정하고 그들을 위해 열심히 선거운동을 했다.

그러나 아이젠하워가 크게 승리하자 트루먼은 몹시 낙담했다. 그런 와중에서도 민주당이 상원과 하원을 계속 지배할 수 있게 된 것은 그에게는 참으로 다행이었다. 전통적으로 백악관을 장악한 당은 중간선거에서 패배할 가능성이 높았다. 트루먼은 그 점을 염두에 두고 1958년이 민주당에게 기회의 해가 될 것으로 기대했다. 트루먼은 민주당의 의회 지배를 위한 선거운동에 몸을 던졌다. 당시 74세의 고령으로 선거운동은 무리였다. 그러나 그는 강인한 신념과 끈기로 견뎌냈다. 트루먼은 민주당 후보자들을 위해 20개 주에서 연설했다. 민주당은 상원에서 64대 34로 그리고 하원에서 거의 2대 1로 승리했다. 그 성과에 트루먼은 크게 만족했다.

1956년 8월 민주당 전당대회에서 루스벨트의 미망인 엘리노 루스벨트와 만나는 트루먼

아이젠하워 2기 동안 미국은 소련에게 밀리는 듯했다. 1957년 10월 소련이 최초의 인공위성 스푸트니크(Sputnik) 발사에 성공하자 공포감은 크게 확산되었다. 그것이 소련에게 대륙간탄도미사일 면에서 명백히 유리한 입지를 제공했기 때문이다. 그리고 1958년 중공과의 2차 대만위기에서 미국이 아무런 성과를 내지 못하고 1960년 5월 미국의 스파이 항공기 U-2기가 소련 영공에서 격추되었음이 밝혀지자 미국인의 실망감과 두려움은 더욱 커졌다. 더구나 국내 경제의 지속적 어려움은 그런 분위기를 지속시켰다. 트루먼이 보

기에 그러한 상황은 1960년 선거에서 민주당이 다시 대통령직을 차지할 수 있는 좋은 기회를 제공하는 듯했다.

트루먼은 처음에는 5월 웨스트버지니아의 예비선거에서 승리한 미주리의 시밍턴(Stuart Symington) 상원의원을 지지했다. 다음에는 텍사스의 존슨(Lyndon Johnson) 상원의원이 당의 지명을 받기를 바랐다. 7월 전당대회 직전에 매사추세츠의 케네디(John F. Kennedy) 상원의원이 승리자가 될 것으로 예상되자 트루먼은 기자회견을 열어 케네디는 다음 대통령이 직면할 것이 분명한 중대한 대외정책 도전을 다룰 충분한 경험을 쌓지 못했다고 주장했다. 트루먼은 케네디가 모처럼 찾아온 민주당의 기회를 위태롭게 할까 우려했다. 그는 43세의 케네디가 너무 젊고 경험이 부족하고 그리고 무엇보다 그가 가톨릭교도라는 점이 11월 선거에서 그를 패배하게 만들 것이라고 믿었다. 그렇게 되면 애국심이 의심스럽고 원칙이 없는 기회주의자로 경멸했던 닉슨에게 기회가 돌아갈 것으로 우려했다. 트루먼은 케네디를 공개적으로 반대해야 한다고 느꼈다. 트루먼은 또한 케네디의 부친 조셉(Joseph Kennedy)의 영향력을 두려워했다. 그는 고립주의적 대외정책에 공감하고 루스벨트에게 적대적이었으며 매카시를 지지했다. 트루먼은 그런 자를 가능한 한 백악관과 멀리 두기를 바랐다.

트루먼의 공공연한 반대가 케네디와 그의 지지자들의 감정을 상하게 했다. 그러나 트루먼의 노력은 별로 효과를 내지 못했다. 케네디는 트루먼의 지지를 얻고 민주당을 단합시키기 위해 직접 인디펜던스로 트루먼을 방문했다. 닉슨을 패배시키는 데 누구보다 열성적이었던 트루먼은 흔쾌히 케네디를 돕는 데 동의했다. 트루먼은 케네디를 돕는 연설을 하겠다고 약속했다. 트루먼은 약속대로 여러 주를 돌며 13번의 연설을 했다. 당시 그는 76세의 고령인데도 자신보다 훨씬 젊은 사람도 지치고 힘들기 마련인 선거운동을 하루하루 해나갔다.

1960년 케네디 후보를 위해 선거운동에 나선 트루먼

선거는 트루먼의 바람대로 비록 근소한 차이기는 하지만 케네디의 승리로 끝났다. 이후 케네디는 당의 원로정치인에 대한 개인적 존경심을 공개적으로 표시함으로써 트루먼을 기쁘게 했다. 취임식 다음 날 케네디는 대통령 집무실에서 트루먼을 만났으며 1961년 11월에는 트루먼에게 예를 표하기 위한 공식적인 만찬을 가졌다. 트루먼은 아이젠하워의 임기 8년 동안 백악관에 초대받은 적이 없었다. 그런데 젊은 케네디 대통령은 그의 대통령직에 대한 트루먼의 의심을 그렇게 해소해 주었다. 케네디는 또한 국민의료보험, 교육에 대한 연방정부의 지원, 그리고 민권 관련 트루먼의 제안들을 반영하여 국내 개혁을 추진함으로써 트루먼의 귀염을 받았다. 그리고 케네디가 1962년 쿠바위기를 해결하자 트루먼은 케네디를 완전히 신뢰하게 되었다.

사실 1960년은 트루먼의 정치역정에서 마지막 중요한 참여였다. 그의 부인과 딸은 정치에서 손을 떼라고 주문했지만 트루먼은 듣지 않았다. 그러나 케네디의 당선으로 트루먼은 자연스럽게 정치일선에서 물러나게 되었다.

1963년의 11월 22일 케네디가 암살당하고 졸지에 존슨 부통령이 대통령직을 계승하면서 트루먼의 개혁정책이 전면에 부상했다. 1965년 존슨은 노인의료보험(Medicare) 법안에 서명하기에 앞서 인디펜던스로 트루먼을 방문했다. 그

법안은 트루먼의 국민건강보험에 대한 미완의 제안을 상당히 발전시킨 것이었다. 그의 80회 생일에 트루먼은 상원에서 연설했다. 당시 민주당은 물론이고 공화당 의원들도 그에게 찬사를 보냈다. 트루먼은 감격하여 눈시울을 적셨다.

1965년 7월 30일 트루먼 부부가 지켜보는 가운데 노인의료보험법에 서명하는 존슨

트루먼은 천성이 정치가였다. 그는 케네디가 당선된 이후 공적 정치 행위를 억제했지만 사적 행위는 계속 이어갔다. 그는 침묵할 준비가 되어 있지 않았다. 그는 자신의 책을 통해 남겨둔 얘기를 쏟아내고자 했다. 1961년 저널리스트 밀러(Merle Miller)와 책을 출판하기 위한 대화를 진행했

다. 그 과정에서 트루먼은 그의 적들을 혹평하고 많은 일들을 아주 솔직하게 털어놓았다. 물론 그가 말한 일부는 진실이 아니다. 밀러에 의하면 "다소 과장이 있었다. 그러나 트루먼은 대체로 진실을 말했다."[1]

1) Alonzo L. Hamby, *Man of the People: A Life of Harry S. Truman*, New York: Oxford University Press, 1995, p. 632.

트루먼이 백악관을 떠나는 것은 그가 그토록 힘들어했던 고역으로부터의 해방을 의미했다. 그것은 또한 트루먼에게 불행과 좌절감을 안겨주는 길일 수도 있었다. 그러나 그는 재빨리 야인으로서 만족할 만한 일을 찾을 수 있음을 알게 되었다. 그는 고향에서 가족과 옛 친구들 사이에서 다시 기쁨을 찾았다. 거기에는 또한 그가 마음 가는 대로 정할 수 있는 초청 요구도 많았다. 그리고 기업 투자에 대한 지속적인 유혹도 있었다. 그러나 그는 가족농장 매각과 회고록 출판 계약, 그리고 1958년 의회가 승인한 대통령 연금으로 안정적인 노후생활을 할 수 있었다.

트루먼은 회고록의 출간을 위해 1953~1956년 동안 많은 정성을 쏟았다. 그것은 아주 만족스럽지는 못했지만 대통령이 되기 이전과 대통령 재임 시기를 재구성했다. 트루먼은 여러 대필자와 조사자에 의존하여 백악관 8년에 대한 이상적인 그림을 제공하기를 열망했다. 그러나 1955년과 1956년 두 권으로 발간된 그의 회고록은 실제 인물의 흥미롭고 역동적인 모습을 생생하게 반영하지 못하고 딱딱한

정부 문서 같은 느낌을 주었다. 비평가들은 회고록이 인간미가 없고 자화자찬식이며 내용에 부정확한 곳이 많다는 점을 들어 불만을 털어놓았지만 찬사 또한 아끼지 않았다. 트루먼은 대다수 역대 대통령들이 피하고자 했던 일을 해냈기 때문이다. 트루먼의 회고록은 무엇보다 그의 대통령 시기를 자세하게 설명하고 있다는 점에서 높이 평가받는다.

1956년 자신의 회고록에 서명하고 있는 트루먼

트루먼은 또한 그의 고향 인디펜던스에 대통령 도서관과 박물관을 세운다는 사실에 크게 기뻐했다. 그는 뉴욕 하이드 파크(Hyde Park)의 프랭클린 루스벨트의 모델을 따라 그의 개인적 기록과 대통령 시절 문서를 소장하고 전시할 생각이었다. 트루먼은 겸손과 위엄을 갖춘 빌딩을 세우고 소장품을 갖추어 1957년 7월 도서관과 박물관을 개관했다. 개관식에는 루스벨트의 엘리노 영부인, 후버 전 대통령, 딘 애치슨 전 국무장관, 워렌(Earl Warren) 대법원장 등 주요 인사와 5천여 명의 하객이 참석했다. 그것은 이후 미국 행정부의 대통령 기록 보존에 기념비적인 순간이었다. 트루먼의 도서관과 박물관은 루스벨트 도서관과 마찬가지로 국립문서보관소(National Archives)가 관리하게 되었다. 그러나 기록 공개의 시점과 내용에 대해서는 트루먼이 최종적으로 결정했다. 트루먼은 수집품에 대한 면밀한 검토와 연구를 거쳐 자료를 공개할 계획이었다. 그 결과 도서관의 가치 있는 자료가 공개되어 이용할 수 있게 된 것은 트루먼이 죽고 수년 뒤였다. 트루먼이 가진 역사에 대한 존중과 자료 수집 및 보존은 연구자들이 그의 행정부를 심도 있게

트루먼 도서관으로 가고 있는 84세의 트루먼

공부할 수 있는 기회를 제공했다. 더구나 트루먼은 의회를 설득하여 모든 대통령의 문서를 마이크로필름으로 보관할 수 있도록 만들었다.

트루먼 도서관과 박물관 전경

트루먼은 고향에서 가족과 함께 평범하고 겸손하게 살았다. 그는 거의 매일 아침 약 1마일 거리에 있는 자신의 도서관으로 걸어서 출근했다. 그는 대통령을 지낸 사람으로서 품위를 지키기 위해 돈을 벌 수 있는 기회들을 거부했다. 트루먼의 그러한 모습은 미국인 다수에게 감동을 주었다.

트루먼의 진가는 시간이 지나면서 더욱 드러났다. 존슨

의 '위대한 사회(Great Society)'는 트루먼이 페어딜정책(Fair Deal)의 일부로서 시도했던 많은 개혁에 다시 생명을 불어넣었다. 그것은 미국인의 생활을 개선하기 위해 국가가 나서야 한다는 트루먼의 판단이 옳았음을 입증해주었다. 그리고 존슨의 베트남전쟁 실패는 트루먼이 한국전쟁에서 경험했던 좌절감을 상기시켰다. 닉슨의 워터게이트(Watergate) 사건은 국민과 함께 하고 자신의 행동에 책임을 지는 대통령 트루먼에 대한 새로운 존경심을 불러일으켰다. 1973년에 출간된 밀러의 구술 전기 『솔직히 말해(Plain Speaking)』는 닉슨의 부정직함과는 현저하게 대조적인 트루먼의 청렴함을 더욱 부각시켰다. 국민은 닉슨을 사임하게 만들면서 트루먼과 같은 대통령을 갈망했다. 1991년 소련이 붕괴되자 트루먼의 봉쇄정책이 옳은 선택이었음이 확실해졌다. 맥아더가 주장했던 공산주의자와의 전면전이나 핵전쟁 없이도 미국이 냉전에서 승리한 것이다. 이제 미국인 대다수는 트루먼을 20세기의 위대한 대통령의 반열—시어도어 루스벨트, 우드로 윌슨, 프랭클린 루스벨트—에 올려놓는 데 주저하지 않는다.

트루먼은 스스로 생각했듯이 우연히 대통령직에 오른 자수성가한 미국인이었다. 그는 대통령직에 큰 중압감을 느끼면서도 특유의 끈기와 정직함 그리고 성실함을 유지했다. 그리고 그는 은퇴 이후 평범한 삶과 인간적 품위를 지키고 역사적 인물로서 자신이 해야 할 의무를 다했다. 트루먼은 평균적 미국인의 가치를 소중히 여기며 한 인간으로서나 대통령으로서 비교적 성공적인 삶을 살았다. 그것이 대다수 미국인으로부터 트루먼이 존경받는 이유이다. 앞으로도 트루먼은 미국인에게 하나의 희망으로 남을 것이다.

## 연보

| | |
|---|---|
| 1884년 | 5월 8일 미주리의 라마에서 태어났다. |
| 1890년 | 캔사스 시티에서 동남쪽으로 10마일 떨어진 인디펜던스로 이사했다. 장로교회의 일요학교에서 베스 월러스와 처음 만났다. |
| 1901년 | 인디펜던스고등학교를 졸업했다. |
| 1905년 | 11월 미주리 방위군의 포병중대(Battery B)에서 복무했다. |
| 1906년 | 부모형제를 돕고 농장을 운영하기 위해 그랜뷰 근처의 가족농장으로 옮겼다. |
| 1917년 | 6월 주방위군에 재입대하여 중위로 선출되었다. 8월 제129 야전 포병연대의 정규군으로 소집되었다. |
| 1918년 | 4월 13일 프랑스 전선에 도착했다. 5월 대위로 승진했다. 7월 11일 제35사단 129 야전 포병연대 포병중대(Battery D)의 지휘를 맡게 되었다. 9월 6일 프랑스의 보주(Vosges)에서 첫 전투에 참가했다. |

| | |
|---|---|
| 1919년 | 5월 6일 전역하여 6월 28일 베스와 결혼했다. |
| 1920년 | 야전 포병대의 예비역 소령으로 임명되었다. |
| 1922년 | 캔사스 시티의 거물 정치인 펜더개스트(Tom Pendergast)의 도움으로 잭슨 카운티의 동부지역 판사로 선출되어 정치적 행보를 시작했다. |
| 1926년 | 잭슨카운티의 수석 판사로 선출되었다. |
| 1932년 | 예비역 대령으로 진급했다. |
| 1934년 | 11월 상원의원으로 선출되었다. |
| 1940년 | 재선에 성공했다. 활발한 의회활동으로 국민적 명성을 얻게 되었다. |
| 1944년 | 부통령으로 선출되었다. |
| 1945년 | 4월 12일 루스벨트 대통령의 갑작스런 죽음으로 대통령직에 올랐다. 5월 독일의 항복으로 유럽전쟁이 끝났다. 포츠담에서 처칠(나중에 애틀리)과 스탈린을 만나 전후 문제를 협의했다. 8월 일본에 원자폭탄 투하를 명령했다. 일본의 항복으로 제2차 대전이 끝났다. |
| 1946년 | 1월 철강노동자의 파업이 발생했다. 2월 케넌은 '장문의 전문'을 통해 소련의 위협을 경고했다. 3월 처칠은 '철의 장막' 연설로 소련과 공산주의에 맞서 영미동맹을 촉구했다. 9월 |

|        | 월러스는 대통령의 대외정책을 공개적으로 공격했다. 11월 의회선거에서 공화당에게 패했다. |
|--------|----|
| 1947년 | 국내 공산주의에 맞서 연방고용인 충성 및 보안 프로그램을 설치했다. 3월 트루먼 독트린을 발표하여 공산주의와 싸우려는 미국의 결의를 세계에 천명했다. 6월 마셜이 유럽부흥계획을 제안했다. 공화당은 태프트-하틀리법을 통과시켰다. 10월 아프리카계 미국인을 위해 민권위원회를 임명했다. |
| 1948년 | 2월 의회에 민권법의 입법을 요청했다. 체코슬로바키아에서 공산 쿠데타가 발생했다. 소련의 서베를린 봉쇄로 공중보급을 단행했다. 이스라엘 국가 수립을 승인했다. |
| 1949년 | 페어딜정책을 선언했다. 나토를 수립했다. 『중국백서』를 발간했다. 국내의 간첩 사건과 소련의 원폭실험 및 중공의 수립 등이 트루먼을 괴롭혔다. |
| 1950년 | 1월 수소폭탄 개발을 지시했다. 새로운 국가안보계획, NSC-68을 수립했다. 매카시 상원의원의 행정부 비판이 시작되었다. 6월 북한이 남한을 침공했다. 미군을 한국에 파견했다. 맥 |

아더가 인천상륙으로 전세를 역전시키고 북진했다. 트루먼과 맥아더는 웨이크 섬에서 만나 작전을 논의했다. 11월 중공군이 압록강을 넘었다. 전세는 다시 역전되었다. 트루먼의 정치적 입지는 더욱 좁아졌다.

1951년　한국전쟁은 교착상태에 빠졌다. 전략 실패와 항명 등을 이유로 맥아더를 해임했다. 공화당과 국민의 반발은 거셌고 트루먼의 지지율은 23%까지 곤두박질했다.

1952년　철강회사의 파업을 막기 위해 회사를 접수하고자 했으나 대법원은 그것이 헌법에 위배된다고 주장했다. 대선에서 공화당의 아이젠하워 후보가 민주당의 스티븐슨을 제치고 당선되었다. 공화당은 의회도 장악했다. 11월 19일 트루먼은 대통령 당선자 아이젠하워를 백악관에 초청했다. 그러나 분위기는 냉랭했다.

1953년　퇴임하여 인디펜던스로 낙향했다.

1955년　회고록 1권을 출간했다.

1957년　트루먼 도서관을 개관했다.

1960년　공화당의 닉슨 후보에 맞서 민주당의 케네디를 위해 적극적인 선거운동을 했다.

| | |
|---|---|
| 1960년 | 5월 8일 전직 대통령으로서는 처음으로 상원에서 연설했다. 의회는 80세의 트루먼에게 경의를 표했다. |
| 1965년 | 존슨 대통령은 인디펜던스에서 노인의료보험법에 서명하여 트루먼에게 증정했다. |
| 1972년 | 12월 26일 88세를 일기로 세상을 떠났다. |

# 미국 대통령 시리즈 발간에 붙여

 한국미국사학회는 국내 미국사 연구의 발전을 도모하기 위해 1989년 뜻을 같이 하는 미국사 연구자들이 모여 창립되었다. 이후 오늘에 이르기까지 한국미국사학회는 미국사 연구자들의 연구 성과를 국내외 학계 및 일반 대중에게 알리기 위해 전국학술대회 개최, 공식 학회지로서『미국사연구』의 연2회 발간, 해외학술대회 참석 등의 활동을 활발히 전개해왔다.

 그런 가운데 대부분 대학에서 미국사를 연구하고 강의에 매진하는 학회 회원들은 개별적으로 수많은 논문과 저서 및 번역서를 출간해 창립 20주년이 막 지난 이즈음에는 각종 학회지에 발표한 수준 높은 논문이 수백 편이 넘고 저서와 번역서도 백여 권에 달하는 성과를 거두기도 했다. 하지만 학회 차원에서 이보형 초대 회장의 주관으로 회원들의 공동작업을 통해 편찬한 책으로는 1992년『미국 역사의 기본 사료』(소나무)라는 제목으로 출간되었다가, 2006년 이 책의 증보판으로『사료로 읽는 미국사』(궁리)가 유일했다고 할 수 있다. 이 점에 대해 학회 일을 오랫동안 해오고 관심을 기울여온 회원의 한 사람으로서 늘 아쉬움을 느껴오던 차였다.

그러던 중 본 학회에서는 2010년이 되면서 학회 창립 20주년이 지나고 미국 대통령 에이브러햄 링컨 탄생 200주년을 맞이하여 무언가 뜻 깊은 일을 하자고 결의하기에 이르렀다. 이에 따라 본 학회의 전임 권오신 회장과 임원진이 학회 회원 여러분의 의견을 모아 미국 대통령 시리즈를 발간하기로 결정을 보았다. 이런 보람 있는 사업을 위해 본 학회는 회원들이 합심해 물심양면의 지원을 하기로 하고 시리즈의 기획·편집·책임을 미국 대통령에 관해 여러 권의 저서를 출간한 바 있는 건양대의 김형곤 교수가 맡기로 했다. 이에 학회에서는 시리즈의 대상이 될 대통령의 선정 작업, 집필자의 신청 접수 및 선정 작업, 제작비용 등을 지원하며 발간이 계획된 대로 순조롭게 이루어지기를 도왔다.

이러한 과정을 거쳐 이제 한국미국사학회는 학회 회원 여러분의 노고와 염원에 힘입어 국내 서양사 관련 학회 중 최초로 총 10권에 달하는 시리즈 저작으로서 미국 대통령 시리즈를 탄생시킬 수 있었다. 이에 우선 이 일을 기획하고 추진하는 데 수고해주신 전임 권오신 회장과 임원진에게 감사드린다. 또한 임원으로서 본 시리즈의 기획·편집 일을 도맡아 해준 김형곤 교수에게도 노고를 치하드린다. 그리고 무엇보다도 시리즈의 집필을 기꺼이 맡아주시고 훌륭한 책으로 완성해주신 열 분의 집필자께도 대단히 고맙다는 말씀을 드린다. 이와 더불어 어려운 출판계의 사정에도 불구하고 모험에 가까운 시리즈의 출간을 맡아준 도서출판 선인에게도 감사한 마음을 전한다. 마지막으로 이 미국 대통령 시리즈가 국내 독자들에게 잘 알려지지 않은 미국 대통령의 진면목을 알기 쉽게 전달해 미국 역사에 대한 대중의 관심을 크게 불러일으켜 미국사 전반에 대한 대중적 독서 시장이 확대되는 계기가 될 수 있기를 기대해 본다.

한국미국사학회 회장
손 세 호

**저자 | 김정배**

    부산대학교 사학과(동 대학원) 졸업
    신라대학교 연구교수
    [주요 저서 및 논문]『미국과 냉전의 기원: 지배와 공존의 전략』,「스탈린은 왜 한국전쟁을 '허락'했는가?」,「북한, 미국, 그리고 냉전체제」,「베트남전쟁과 사회주의진영, 그리고 냉전체제」 등